Agencement des Couleurs de la France

フランスの配色

まえがき

　私たちが見ている「色」は、多くの場合、単独には存在しない。私たちは、常に単独の色ではなく、他の色とともに色を見ている。青は単独では「青」という色に過ぎないが、「青、白、赤」と3色が並列することによって、初めて「フランス国旗」(トリコロール) を意味することになる。色は複数の色が組み合わさって、初めて視覚言語として、ある意味を発信するのである。また私たちは、その複数の色の組み合わせを見て、「美しい」とか「調和している」とか、逆に「きたない」とか「不調和」だといったりする。複数の色の組み合わせが「美」と「醜」の判断を与えるひとつの規準となる。この複数の色の組み合わせや配列を、私たちは「配色」というのである。どの配色が美しく調和し、どの組み合わせが不調和なのか、その基準を求めて、古くから色々な研究者によって、さまざまな提案がなされてきた。

　筆者は先年、PIE BOOKSから『フランスの伝統色』を上梓させて頂いた。幸いにも多くの方に読んで頂き、版を重ねている。ただ同書を執筆している間中、「伝統色」は単独に存在するのではなく、ある時間的、空間的背景の中で、複数の色とともに用いられてこそ、「伝統色」になるのではないか、という疑問が心の中に淀んでいた。本書『フランスの配色』は、その疑問が出発点となっている。

　本書ではフランスの歴史、風土、生活、ファッション、デザイン、絵画、工芸などで表現されてきた優れた配色を取り上げることを意図している。配色を選択するに当たって、各分野の優に「万」を越す事例の中から選択したが、それが「優れた配色」か否かは、すべて筆者の感性によっている。今はただ、筆者の感性が錆びついていないことを祈るばかりである。

　本書が「シックでエレガントな」本になっていれば、それはすべてフランス人の感性の賜物であり、なっていなければ、その非はすべて筆者にあり、その非難を甘んじて受ける積もりである。だがこの最初の小さな試みが、読者の皆様からのご教授、ご叱正、ご指導により、さらに深化したものになれば幸いである。

平成23年4月吉日

　　　　　　　　　　　　　　　　　　　　　　　　　　城　一夫

目次 | Contents

西洋の配色観 —————————————————— 2

配色用語の解説 —————————————————— 7

凡例 ————————————————————————— 13

作家解説 ——————————————————————— 14

配色例：色相別 ————————————————— 23

配色例：歴史別 ————————————————— 157

配色例：テーマ別 ——————————————— 175

参考文献 ——————————————————————— 188

色彩一覧 ——————————————————————— 189

西洋の配色観

（１）調和「ハルモニア」の概念

　私たちは、常に周囲の色とともに、組み合わせの中で色を見ている。この色の組み合わせについて、「配色」がよいとか悪いといったり、「色彩調和」がとれているとかとれていないといったりして、「配色」とか「色彩調和」という言葉を用いる。

　「配色」とか「色彩調和」は英語のカラー・ハーモニー（Color Harmony）に相当する。ハーモニーとは「和声」の意味で、合唱がよく合っていることなどをさして、ハーモニーがとれているなどの使い方をする。では「Color Harmony」とは、色がよく合っているという意味になるのであろうか。「Harmony」が、西洋の文化の中で、どのような意味をもっているか、考察してみよう。

　英語の「Harmony」、フランス語の「Harmonie」はラテン語の「Harmonia」に由来する。さらにギリシャ語の「調和（apuovia）」にさかのぼることができる。そして、この「Harmonia」（ハルモニア）は、ギリシャ神話の「調和と和解の神ハルモニア」に由来する。ハルモニアは美の女神アフロディテ（ローマ神話名ヴィーナス）と殺戮・戦争の神アルス（同・マルス）の子供である。アフロディテは絶世の美女といわれたが、鍛治の神で醜男のヘパイトスの妻であった。生来、浮気者であったアフロディテは、軍神で殺戮の神アルスと不倫をして、三人の子供を生むこととなった。ハルモニアはその一人娘である。他の兄弟は父マルスとともに、殺戮・恐怖の神となったが、ハルモニアは兄弟とは別の性格を与えられ、美の女神と殺戮の

写真１：《ヴィーナスとマルス》
フランソワ・ブーシェ画／1725－1770年／個人蔵

神の「和解」と「調和」の象徴となった。またハルモニアは、女神でありながら人間の英雄カドモスと結婚し、二つの世界の架け橋ともなった。

　以上のことで、ハルモニア（調和）は全く異質な範疇や性格のものが組み合わさって生まれる概念であり、そのことによって初めて調和が成り立つという考え方を表わしていることが理解できるであろう。

　ここに18世紀フランスの雅宴画家フランソワ・ブーシェが描いた「ヴィーナスとマルス」という絵画（写真１）がある。二人のガウンを見てみよう。右側のマルスは赤いガウンを身に付けており、左側にいるヴィーナスは

青緑色のガウンを僅かに身にまとっている。さらに『イメージ・シンボル事典』(アト・ド・フリース著)によれば、軍神マルスの色は血を象徴する「赤」であり、緑色の海から生まれたヴィーナスは「緑」がシンボルカラーになっている。これらを総合すると、西洋における「調和」の概念を色彩によって表現すれば、「赤と緑」の組み合わせ(補色どうし)によって生まれるということになる。

(2) ゲーテの「色彩の呼び求め合い」

西洋において、「色彩調和」や「配色調和」が論じられるようになったのは17世紀後半のニュートン以後のことである。ニュートンは色彩調和を音楽の音階に準えて論じたが、「色彩調和」を最初に本格的に論じたのはゲーテ (Johann Wolfgang von Goethe 1749-1832年) である。ゲーテは著作『色彩論』(1810年)の「教示篇」の章で、色彩の生理的側面、つまり色彩が人間の精神や心情にどのような影響を与えるかという点について論じている。

「心情においても同様である。個々の色彩が心情を特別な気分にすることは経験の教えるところである。機知にあふれるフランス人は次のように語っている。『彼によれば、部屋の調度の色は以前は青かったが、それを夫人が臙脂色に塗り替えてしまってからというもの、彼と夫人との会話の調子は変わってしまった』」(762)[註1]

これは色が人の感情に大きな影響を与えるという事例だが、従来、フランスでは臙脂色や栗色、茶色系統の色が嫌われていた。「臙脂色のような愚か者」とか「臙脂色のように惨め」などの言葉もある。

以上の例を引きながら、ゲーテは色彩には2つの側面、プラス(+)とマイナス(−)の色とがあり、その対立関係の中で調和が決定すると述べている。プラスの色には黄、光、明、暖などの項目をあげ、マイナスの色には、青、影、暗、寒などの項目をあげている。ゲーテによれば「フランス人はプラスの色が好き」(799)だという。

ゲーテは、この色彩の2項対立の関係の中で、「眼が快感をおぼえる」ことを理由に色彩調和について次のように述べている。「調和のとれた色彩をもっとも簡単に知ろうとするなら、色彩環(図1)に1本の動く直径を想定し、これを円環の中で廻して頂きたい。するとこの直径の両端はつぎつぎに呼び求め合う2つの色を示してくれるだろう。だが、いうまでもなく、呼び求め合うこれらの色彩は、最終的には次の3つの簡単な対立関係に還元される」(809)「黄色は赤青(紫)を、青は赤黄(橙)を、真紅は緑を呼び求める。

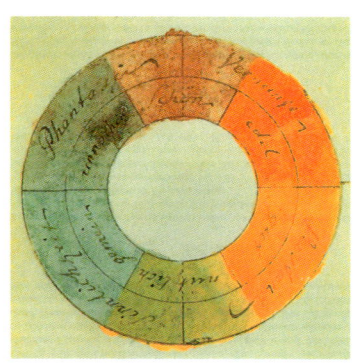

図1:ゲーテの色彩環

そしてその逆もありうる」(810)

ゲーテによれば、色彩は眼自身の活動の総和が、そのまま現実となって現れたものだから、「眼は、自分に与えられた個々の色の反対色を生み出すことに、自分を満足させる全体を実現するものだから、反対色を選択することによって快感をおぼえる」(812)というのである。「色が呼び求める」という言葉は、なんと意味の深い美しい言葉であろうか。

こうして、ゲーテは、私たちが現在、補色配色と称している、真紅－緑、青－橙、黄－紫の配色をハーモニーの条件として推奨している(図2)。

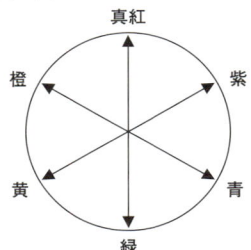

図2：ゲーテ「色彩の呼び求め合い」

さらにゲーテは、色彩環の中での恣意的な調和があるとして、弦が中間の色をひとつだけ飛び越すような関係にある色を選択している。それによれば色彩環で120度離れた、黄－真紅、黄－青、橙－紫、橙－緑、真紅－青、紫－緑であり、後述する対照色相配色を薦めている。

(3) シュブルールの色彩調和論

シュブルール(Michel Eugène Chevreul 1786-1889年)はフランス人で、色彩調和に関する研究で、後世に多大な業績を残した科学者である。王立ゴブラン織製造所の染織室長を務めたが、その折に始めた色の同時対比の研究が契機となり、後に著作『色彩の同時対比の法則、そしてその法則の諸芸術への応用』(1839年)を発表し、その理論は後の色彩調和論の規範となった。シュブルールの調和論は単に理論上のものではなく、実践的である。彼はゴブラン織や絵画、建築、衣服、インテリアなどのさまざまな色彩を調査した後、全体を72色の色相環と20トーンの諧調(図3-4)に分け、全ての色の分類・整理を行った。

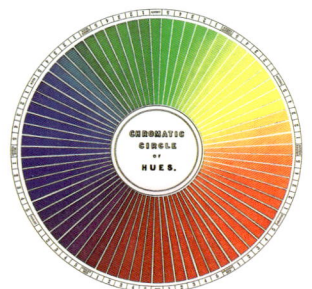

図3：シュブルールの色環図

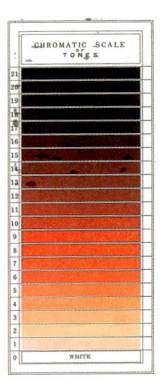

図4：シュブルールのトーン図

また色彩調和に関しては、「2種類の調和形式に含まれる6通りの色彩調和がある」として「類似色の調和」と「対照の調和」の2つの系統に分け、さらにそれぞれを3種類の法則に結論づけている。[註2]

第1類「類似色の調和」(図5)
(1) トーンの調和
　単一色相の異なるトーン・スケールによって作り出されるトーンの調和
　(筆者註：同一色相によるトーン差配色)
(2) 色相の調和
　隣接する色相の近似したトーンによって作り出される色相相互の調和
　(類似色相類似トーン配色)
(3) 支配的色光による調和
　色付きのガラスを通して見たときのような1色の支配的な色光の調和
　(ドミナントカラー配色)

第2類「対照の調和」(図6)
(1) 対照トーンの調和
　同一色相で、トーン差の離れた2つの色調を同時に見ることによって作られる対照トーンの調和
　(同一色相対照トーン配色)
(2) 色相対照の調和
　隣接した色相で、異なる諧調のトーンを同時に見ることによって作られる対照の調和
　(類似(隣接)色相対照トーン配色)
(3) 対比の調和
　非常に離れた色相を対比の法則によって同時に見て、トーンの差を増大させることによって作られた色彩対比の調和
　(同上：対照色相対照トーン配色)

図5：シュブルールの調和論「類似色の調和」の配色例

同一色相でトーンを変えた配色

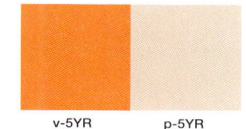

類似色相を使った類似トーンの配色

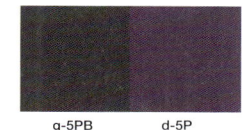

全体が1つの色相に支配された配色

図6：シュブルールの調和論「対照の調和」の配色例

同一色相で対照的なトーンを使った配色

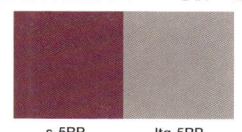

類似色相を使い、対照的なトーンでの配色

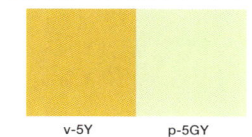

対照色相を使い、対照的なトーンでの配色

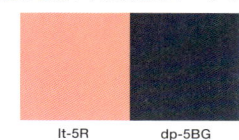

以上の調和論は、今日では配色調和の基礎的な考え方としてよく知られているが、当時においては画期的な考え方であったと思われる。

　シュブルールは、その他に配色の調和に関して11の提案を行っている。ここで全文を紹介する余裕がないが、その要旨だけを紹介してみよう。

（1）対照の調和においては、補色配色はどの配色より優れている。
（2）2色配色では、赤、黄、青の原色を用いると、良い対照調和を作り出す。
（3）2色配色では赤、黄、青のうち、1色を用いることによって、よい調和が得られる。
（4）2色が不調和なときに、白によってその2色を離せばよい調和が得られる。
（5）黒は2色の「光輝色」とともに用いれば、悪い効果にはならない。
（6）黒は青や紫などの「陰影色」や「光輝色」の破調（濁色）のトーンと配色すれば、「類似の調和」を作り出す。
（7）黒は1色が「光輝色」で、他方が「陰影色」の2色とは調和しない。
（8）グレーは、2色の「光輝色」と配色したとき、悪い効果ではなくとも、また多くの配色で「鈍い」調和を生み出しても、白や黒には劣る。
（9）グレーは青や紫などの「陰影色」や「光輝色」の破調（濁色）のトーンと配色すれば、黒よりも激しさのない「類似の調和」を作り出す。
（10）グレーは片方が「光輝色」、もう一方が「陰影色」の2色と配色されたときには、白よりもよい調和を作り出す。
（11）2色が不調和であるならば、白、黒、グレーのセパレーションによって、原則的には優れたものになる。[註3]

　これを要約すると、シュブルールは①補色配色②3原色の使用③白、黒、グレーなどのセパレーションによる調和などを推奨している。特に原色どうし、他の有彩色と白、黒、グレーなどの配色効果について、さまざまな事例をあげて解説を試みている。

　このシュブルールの配色理論は、19世紀のフランスの画家たちに大きな影響を与えることとなった。19世紀初頭の浪漫派の画家ドラクロワを初めとして、後半のモネ、ルノアール、ドガなどの印象派、スーラ、シニャックなどの新印象派、セザンヌ、ゴッホ、ゴーギャンの後期印象派などの画家たちの色彩理論の規範となった。

［註］
1）ヨーハン・ヴォルフガング・フォン・ゲーテ『色彩論』（教示篇）　高橋義人　南大路振一　中島芳郎　前田富士男　嶋田洋一郎訳　工作舎　1999　P257-296
2）福田邦夫『色彩調和論』　朝倉書店　1996　P33-35
3）M.E.シュブルール『シュブルール 色彩の調和と配色のすべて』　佐藤邦夫訳　青蛾書房　2009　P98-102

配色用語の解説

以下は本文中に色票の解説として使用した色彩用語、配色用語の解説である。読者の理解の手助けとなれば幸いである。

（Ⅰ）色相環とトーン

（1）色相環（Color Circle）

色には色相、明度、彩度の3属性がある。色相とは「色み」「色合い」のことで、これを円環として整理・分類したものを色相環という。シュブルール、オストワルトなど学者によって、色相環における色数は異なるが、もっとも標準的な色相環として、アメリカの色彩学者・画家であるアルバート・H・マンセル（1858-1918年）の色相環が用いられている。マンセルは色相を知覚的等歩度によって、赤、黄赤、黄、黄緑、緑、青緑、青、青紫、紫、赤紫の10色相に分類し、それぞれを円周上に並列して、赤紫から最初の赤に戻る色相環を作った（図7）。

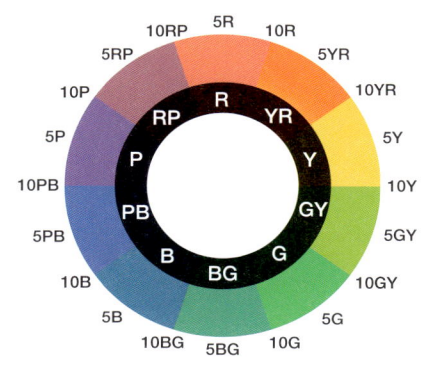

図7：マンセル色相環

（2）トーン（Tone）

トーンとは明度・彩度の複合概念である。トーンについてもシュブルール、ビレンなどによって定義が与えられているが、わが国では日本色彩研究所が発表したPCCSトーンが一般的である。それによれば中明度・高彩度の純色を等色相面の筆頭に、明度・彩度の程度によってビビッド、ブライト、ストロング、ディープ、ライト、ソフト、ダル、ダーク、ペール、グレイッシュ、ダークグレイッシュ、ホワイト、ライトグレー、ミディアムグレー、ダークグレー、ブラックの17分類とし、等色相面内に配置した（図8）。

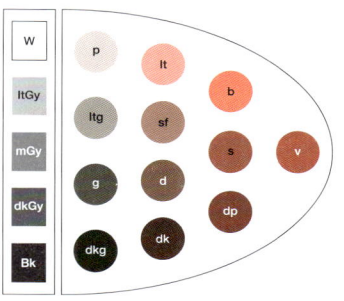

図8：PCCS等色相面

本来、色相、明度、彩度の3次元空間が、色相とトーン（明度・彩度）の2次元として把握できるようになった功績は大きい。

（Ⅱ）配色方法の解説

一般的に良好な配色調和を得られる手法として、（1）色相差による配色（2）トーン差による配色の2つの方法と（3）慣用的に

用いられる配色法（4）配色の色数を中心とした配色法などがある。以下に本書で使用した配色用語を中心に紹介する。

（1）色相差による配色

色相を規準とした配色では、色相差の少ない類似系と色相差の大きな対照系の2つに分類され、それらはまた5つに分かれる（図9）。

①同一色相配色（同一色相濃淡配色）

色相環上にある色相差のない同一色相でまとめた配色で、色の差は明度・彩度でつける。同一色相で配色するのだから、よく調和する。別名、同一色相トーン・オン・トーン配色（例：赤の濃淡配色とか赤のトーン・オン・トーン配色）。また、同一色相でありながら、色相差がわずかに異なる色との配色を隣接色相配色という。

②類似色相配色

色相環上で、ある色を基準として、左右に45度前後離れた色との配色のこと。赤と黄赤（オレンジ）、黄緑と緑などの関係である。両方の色に共通要素が入っていて、しかも異なる要素もあるため、よく調和する配色と考えられている。

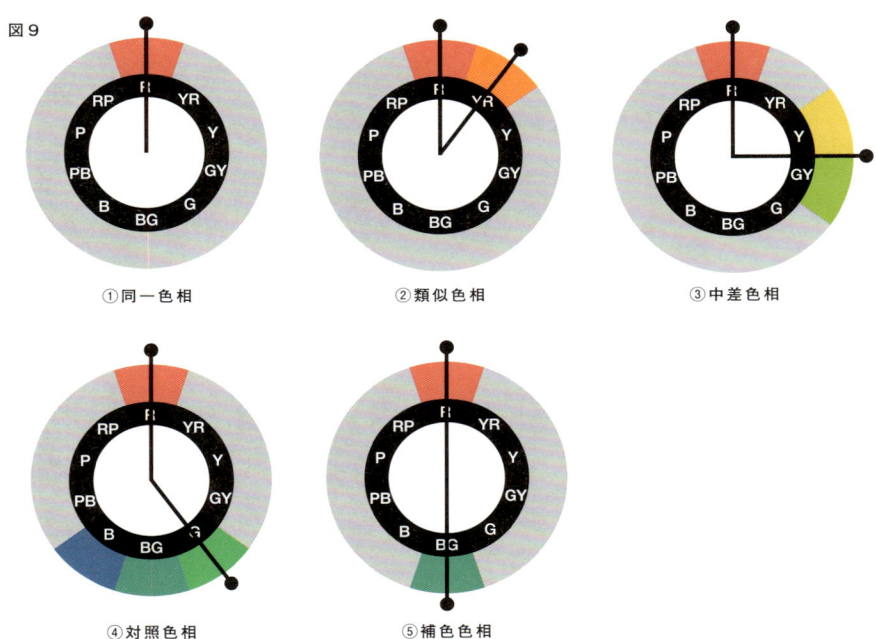

図9

①同一色相　②類似色相　③中差色相

④対照色相　⑤補色色相

③中差色相配色

　色相環上で、ある色を基準として左右に90度離前後れた配色のこと。例えば、赤と黄、黄と緑、緑と紫、紫と赤などである。基本的には類似系配色と対照系配色との中間に位置する。色相差もあるため、比較的コントラストの強い個性的な配色となる。

④対照色相配色

　色相環上で、ある色を基準として、左右に120度前後離れた色どうしの配色のこと。色相差が大きく、コントラストが強いので、明度や彩度（トーン）を合わせて、統一感を与える方法がとられる。例としては赤と黄緑、赤と青紫などをいう。

⑤補色配色

　色相環上で、ある色を基準として、180度離れた対角線上にある色との配色をいう。色相差がもっとも大きく、コントラストが強いので、明度や彩度（トーン）を合わせて、統一感を与える手法がとられる。赤と青緑、黄と青紫、青と黄赤が相当する。

（2）トーン差による配色

　トーンとは明度・彩度の総合概念。多少、差異があるが、シュブルール、ビレン、PCCSなどによって提唱された。明度、彩度が共通した色どうしを総合してトーンと呼んでいる。このトーンを、縦軸に明度、横軸に彩度をおき、2次元の等色面上に配置したものをトーン分布表という。PCCS体系では17ブロックに類別している（図8、図10）。

①同一トーン配色

　同程度の明度・彩度の色どうしを配色する方法。色相が異なっても明度・彩度が共通しているので、統一感があり、よく調和する配色になる。明度・彩度の高低によって、配色の表情が異なり、ビビッドトーンの同一トーン配色では、明るく鮮やかな印象となり、中明度・中彩度の配色では落ち着いた雰囲気となる。

②類似トーン配色

　トーン分布上で、基準となるトーンの色を中心に、その隣接したトーンの色を組み合わせる配色である。例えばダルトーンの色とその左隣りにあるグレイッシュトーンの色とを組み合わせる方法である。同一トーン配色と同様に色相が異なっても、明度・彩度が類似しているので、統一感があり、しかも同一トーンより変化に富んだ配色となる。

③トーン・グラデーション配色

　類似トーンのグラデーション配色で、次の3種類がある。❶トーン分布上、明清色を組み合わせるティントトーン配色（ペール・ライト・ブライト・ビビッドトーン）❷トーン分布上で、暗清色を組み合わせるシャドウトーン配色（ダークグレイッシュ、ダーク、ディープ、ビビッドトーン）がある。これらは明度・彩度が連続的に変化するので、調和のとれた配色となる。また❸無彩色の黒・灰・白と明度を連続的に変化させるニュートラルトーン配色がある。

④対照トーン配色

　トーン分布上で、基準となるトーンの色

と距離的に離れた位置にあるトーンの色とを組み合わせる配色法。これには2種類があって、❶明度の離れたトーンどうしを組み合わせる（例：ペールトーンとディープトーン）、❷彩度の離れた位置にあるトーンどうしを組み合わせる（例：白・灰・黒の無彩色とビビッドトーン）方法。特に無彩色の白・灰・黒と鮮やかな色を組み合わせる方法は、もっとも明快な配色となり、フランスの配色でも、よく用いられる配色である。また有彩色どうしの配色では、明度・彩度が離れた色どうしを組み合わせるので、コントラストの強い配色になりやすく、色相を同一色相とか類似色相でまとめると統一感がとれた配色となる。

（3）慣用的に用いられる配色用語

上記に述べた色相およびトーンを中心とした配色法を複合した配色用語で、慣用的に用いられる用語を以下に紹介しよう。

① トーン・オン・トーン（Tone on Tone）配色

トーンの上にトーンを重ねるの意味で、基本的には同一色相のトーン・オン・トーン、類似色相のトーン・オン・トーンを意味して

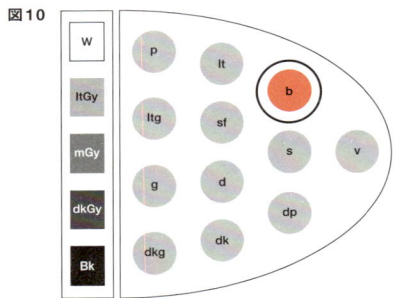

① 同一トーン配色例

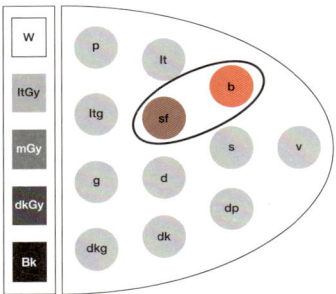

② 類似トーン配色例

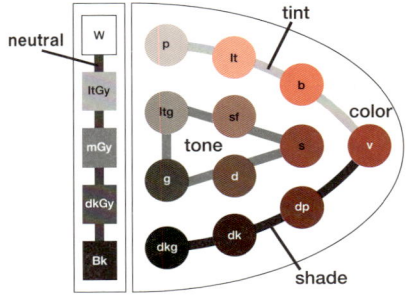

③ トーン・グラデーション配色例

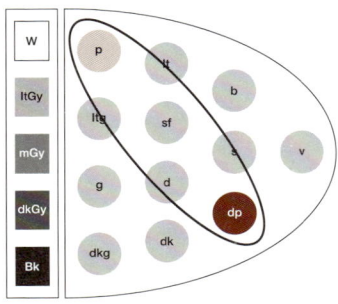

④ 対照トーン配色例

いる。例えば赤のダークトーンと同じ赤のダルトーン、ライトトーンを組み合わせる配色である。別に同一色相濃淡配色といい、同一色相のトーン差配色だからよく調和する。

② トーン・イン・トーン（Tone in Tone）配色
　トーンの中にトーンを入れるという意味で、同一トーン配色を意味している。例えばソフトトーンどうしの配色で、色相差があっても明度・彩度が同じなので、よく調和する配色となる。

③ トーナル（Tonal）配色
　トーンを中心とした配色のひとつで、中明度・中彩度のソフトトーン、ダルトーンの同一トーン配色のことである。明度・彩度とも中庸だから、落ち着いたシックな配色になる。

④ カマイユ（Camaieu）配色
　カマイユとはフランス語で「単一画」のこと。色相、明度、彩度とも同じか、ほとんど色差のない色を組み合わせた配色のこと。ほとんどモノトーン（1色）使いの配色のように見えるのが特徴である。

⑤ フォ・カマイユ（Faux Camaieu）配色
　フォはフランス語で「偽の」の意味。文字通り「偽の単一画」の意味である。カマイユ配色よりは、色相、明度、彩度差のある色を用いながら、遠くから見ると単一色に見える配色のこと。

⑥ ドミナントカラー（Dominant Color）配色
　ドミナントは英語で「支配的な」の意味。多色使いの配色の中で、ある色が大きな面積を占めたり、その色調が全体の配色を支配するような配色のこと。各色が赤みとか、黄みなどを共通的に含んでいる配色のことである。

⑦ ドミナントトーン（Dominant Tone）配色
　多色使いの配色の中で、全体があるトーンで纏まっているような配色のことである。同一トーン、トーン・イン・トーンの類型である。

（4）色数をもとにした配色用語

① モノカラー（Mono Color）配色
　モノ（Mono）は「単一」のこと。1色配色である。普通、1色配色は成り立たないが、2つ以上の異なる素材に同じ色を彩色すると、多様な表情をみせる。

② バイカラー（Bi-Color）配色
　バイ（Bi）は「2つの」の意味。2色配色のことである。フランス語ではビコロール（Bicolore）という。多くの場合、色相環で、対角線上となる2色を配色する補色配色をさしている。

③ トライアングル（Triangle）配色
　トライアングル（Triangle）は「三角」の意味。3色配色である。フランス語ではトリコロール（Tricolore）である。一般的には色相環で、120度離れた3色、正三角形となる色を組み合わせる配色をさしている。例えば赤紫を基点として黄－緑青の3色の配色である。

④スプリット・コンプリメンタリー（Split-Complementary）配色

3色配色のバリエーションである。色相環で、補色の関係になる2色のうち、一方の色を選ばずに、その左右の類似色相の2色と組み合わせる配色である。トライアングルが正三角形になるのに対して、2等辺三角形となり、別名、分裂補色配色という。

⑤マルチカラー（Multi-Color）配色

マルチ（Multi）とは「多様な」「沢山な」の意味。多くの場合、4色〜5色以上の配色をさしている。

（5）配色構成色の名称

ある図像を見たときに、主題に使われた色、背景に使用された色、アクセントに使用された色に気が付くことがあるだろう。本書では、それらの色を下記のような用語を使って解説をしている（図11）。

図11：配色構成色の名称

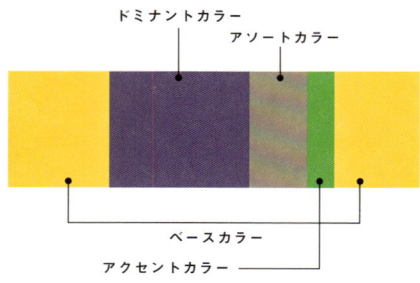

①ベースカラー（Base Color）

背景色という。主題、モチーフの背景に使われたり、下地の色として表現される。使用される面積が比較的大きく、主調色を引き立たせる役割を果たしている。主調色の類似色相を用いて、主調色と融合させたり、対照色相を用いて主調色を目立たせる役割をもつ。

②ドミナントカラー（Dominant Color）

基調色、主調色ともいう。ドミナントとは支配するという意味。画面全体の主題となる色で、多くの場合、出現頻度が高く、画面全体に大きな影響を及ぼす色である。ただし、小面積でも、主題を彩る場合には、ドミナントカラーという場合もある。

別に、画面全体がその色の色調で統一されているときも、ドミナントカラーという。

③アソートカラー（Assort Color）

アソートは「（品物）を取り揃える」「調和させる」などの意味。従属色ともいう。ドミナントカラーに次ぐ大きい面積を占め、出現頻度の高い色で、主調色を補佐する役割をもつ。主調色の同一色相濃淡、類似色相濃淡、対照色相濃淡などが用いられたりする。

④アクセントカラー（Accent Color）

面積的にはもっとも少ないが、主調色を強調したり、配色全体のイメージを左右する役割を果たす色である。意識的に主調色の対照色相、対照トーンの色を少量用いて、主調色を目立たせたり、配色全体のイメージを引き締めるために用いられる。強調色ともいわれている。

[凡例]

(1) 本書の構成

本書は次の3部構成になっている。

① 色相別配色例(ローズ〜黒まで14色)
② 歴史別配色例(中世〜ポストモダンまでの8例)
③ テーマ別配色例(6例)

(2) 各配色ページの構成

① 色相別配色例は基本的に各色5見開きで構成したが、茶色、黄緑、シアン、マゼンタは4見開き構成である。
② 解説の内容によって例外はあるが、基本的には色数の少ない組み合わせから色数の多い組み合わせの順で紹介している。
③ 各配色例には、すべて参考としたイメージソース(絵画や写真など)があり、その配色の近似色を選択し、色の面積比もそれに準じている。面積比に加えて色の配置も、もとのイメージを視覚的に極力再現した色票になるように並べている。
④ ただし、次の色相(赤、オレンジ、黄色、緑、青、紫の主要6色と白、グレー、黒の3色)については、それぞれその3見開き目にM.E.シュブルールが著作『色彩の同時対比の法則』で推奨する配色を選択し、等面積で表示した。
⑤ 左ページに記載した写真の配色は、右ページに記載した配色例のどれか(キャプションに記載してある番号と同じ番号のもの)と合致している。
⑥ ページの都合でビジュアルとして紹介できなかった作品に関しては、次ページの作家解説で、制作者の略歴や時代背景を紹介しているので、こちらをご参照いただければ幸いである。

(3) 色票に付随している数字について

① 本書の色はすべて『フランスの伝統色』(小社刊/ 2008)に記載の色と一致している。各ページの色票の下に記載されている数字は『フランスの伝統色』に記載の色票数字である。
② 本書の巻末にも同様の色彩名一覧を収録しているので、番号を照会する際には、巻末の一覧をご参照いただきたい。
③ 1つの配色の色票中に同一の色が複数回登場する場合は表記を省略している。その際、番号は(面積が広いなど)一番読みやすい箇所に入れている。

(4) 色再現性の限界

① 各ページにおける図版写真の色と色票分割の色とは、色の再現性に最大の努力を務めてはいるが、紙質、印刷などにより、必ずしも一致しないので、ご了解頂きたい。
② 本書の色数は『フランスの伝統色』の270色に限定したため、原画の色の近似値を採用してあり、必ずしも一致しないので、ご了解頂きたい。

作家解説

本文中に名前や作品を紹介した
制作者の略歴一覧。
付随している数字は、名前や作品を
取り上げているページ数と
(括弧内の番号)配色例の番号である。

※数字が黒字になっている箇所は
左ページにビジュアルの
掲載があるものである。

あ

アドルフ・ムーロン・カッサンドル (1901-1968)

●フランスのグラフィックデザイナー。ウクライナでフランス人の両親に生まれ、14歳の時にパリに移住する。本名はアドルフ・ジャン=マリー・ムーロンというが、1922年からカッサンドルという作家名でポスター制作に打ち込む。当初は画家志望で、広告ポスターの制作は絵画芸術に及ばないと考えていたが、才能を開花させ、熟練していくに従い「(グラフィックデザインは)芸術画家が失った公衆との回路を見つけ出す」手段であると考えるようになる。1932年には「アリアンス・グラフィック」を設立し、アート・ディレクターとして多くの広告ポスターを手がけた。
57(BR07, BR08), 153(N14, N15, N16)

アルフォンス・マリア・ミュシャ (1860-1939)

●アール・ヌーヴォーを代表する画家、グラフィックデザイナー。1895年に描いたパリの舞台女優サラ・ベルナールの演劇ポスター「ジスモンダ」で一躍有名になり、グラフィックデザイナーとして不動の地位を築いた。サラにとってもこの芝居が、フランス演劇界の女王として君臨するきっかけとなった作品である。オーストリア帝国領モラヴィア(現代のチェコ)出身であるが、これらの経緯からあえてフランスの配色として本書に掲載してある。
167(AN03)

アルベール・ラモリス (1922-1970)

●フランスの映画監督、プロデューサー、脚本家。1953年に公開された「白い馬」で、カンヌ国際映画祭パルム・ドール賞を受賞し、一躍有名になる。1956年公開の「赤い風船」は36分の短編で、台詞はわずかしかないが、アカデミー賞で脚本賞、カンヌ国際映画祭で再びパルム・ドール賞を受賞した。
39(RG11)

アルマンド・ヴァレ (生没年不詳)

●アール・デコ期のイラストレーター、デザイナー。ファッション雑誌、舞台美術のデザイン、広告ポスターなどで活躍した。
123(M09)

アントワーヌ・ヴァトー (1684-1721)

●18世紀フランスの画家。歴史画や宗教画が中心であったバロック時代から、ロココ時代へと移行する中で、愛を語り合う男女を主題にした風俗画が多く見られるようになった。そういった甘美で装飾的なロココ様式を代表する画家の1人。
163(R03)

アンリ・ド・トゥールーズ=ロートレック (1864-1901)

●19世紀のフランスの画家。伯爵の名家出身であるが、脚に障害をもち差別を受けていたためか、踊り子や娼婦のような夜の世界の人々に共感し、多く描いた。パリの「ムーラン・ルージュ」をはじめとしたダンスホール、酒場などに入り浸り、退廃的な生活を送りながら、若くして世を去るまでの間に多くの斬新な作品を残した。絵画のほか、広告を芸術の域にまで高めたといわれるポスターの名作も多い。ポスターの配色、構図など日本美術からも強い影響を受けたといわれている。
39(RG11), 43(RG15), 45(O01, O03, O04), 49(O12), 85(VT12), 131(BLN09), 145(G17), 149(N08), 151(N09), 167(AN01, AN02)

アンリ・マティス (1869-1954)

●フランスの画家。野獣派(フォーヴィスム)を牽引し、その後も20世紀を代表する芸術家として活動し続けた。優れた色彩感覚の傑作を多数生み出し、「色彩の魔術師」と讃えられている。
33(RS18), 43(RG17, RG18), 51(O15), 125(M16), 133(BLN13), 135(BLN18), 155(N19)

イヴ・クライン (1928-1962)

●単色のみをカンバス一面に塗るという作品を制作したモノクロニズムを代表するフランスの画家。もともとはオレンジや金なども使用していたが、青こそ最も抽象的で非物質的な色だとして青い作品を多く制作した。1957年には自身が理想とする黄金よりも高貴な青を目指した青い絵の具を独自に開発し、「インターナショナル・クライン・ブルー(IKB)」として特許を取得した。
171(MN02)

イヴ・サン=ローラン（1936-2008）
●フランス領アルジェリア生まれのファッション・デザイナー。彼が設立した自身の名のブランドは、フランスが誇る20世紀を代表するブランドである。ガブリエル・シャネル、ポール・ポワレ、クリスチャン・ディオールらとともに20世紀のモード界を牽引し、2002年に引退するまで、40年にわたりトップデザイナーとして君臨し続け「モードの帝王」と讃えられた。
59(BR11), 105(BL14, BL15), 179(QS01, QS02, QS03, QS04)

ヴィンセント・ヴァン・ゴッホ（1853-1890）
●オランダの画家。フランスのパリやアルルを制作の拠点とし、印象派や日本の浮世絵の影響を受けながら独自の表現方法を模索し、多くの作品を制作した。現在では、世界中で最も有名な画家の1人であるが、生前評価されることなく、不遇の生涯を送った。
69(J14)

ウジェーヌ・アンリ・ポール・ゴーギャン（1848-1903）
●ポスト印象派を代表するフランスの画家の1人。南仏アルルでゴッホと共同生活を送るが、強烈な個性がぶつかり合い衝突することも多かったという。西洋文明に絶望し、42歳のときに南太平洋にあるフランス領の島タヒチに移住する。タヒチでは、赤やオレンジなど明るい色をふんだんに使った絵画が多く描かれた。存命中に評価されることはなかったが、独自の視点で西洋絵画に一線を画した彼の作品は、今では高い評価と尊敬を集めている。
45(O01), 53(O18)

ウジェーヌ・ドラクロワ（1798-1863）
●19世紀ロマン主義を代表するフランスの画家。フランス革命によってもたらされた自由や平等、個々の個性や想像力の尊重によって生まれた自由な発想と表現を探求した芸術運動をロマン主義という。ドラクロワの「民衆を導く自由の女神」は主題、表現方法とも時代を牽引し、近代絵画の出発点となった歴史的名画である。
37(RG05), 83(VT08)

エドゥアール・マネ（1832-1883）
●19世紀フランスの画家。ベラスケスやヴェネツィア派など過去の名作を研究し、模写するなど大きな影響を受けつつも、明快な色彩や遠近法を抑えて対象物をイメージとしてとらえ、より平面的に描く表現など近代絵画の先駆者であった。後に印象派となる画家たちと交流をもち、中心的な存在になりながらも、自身の芸術は印象派とは別のものとして、一線を画していた。
147(N01)

エミール・アイヨ（1902-1988）
●メキシコに生まれパリで活躍した建築家。都市のような大規模な場所で展開された図像をスーパーグラフィックというが、フランスではアイヨのラ・デファンスの集合住宅が有名である。
173(P04)

エミール・ベルナール（1864-1941）
●フランス象徴主義を代表する画家。ポール・ゴーギャンとともに輪郭線を描き平坦に着彩していく表現手法「クロワゾニスム」を研究した。特に1880年代の終わりから1890年代の始めにかけて描かれたブルターニュの風景画は象徴主義を代表する作品として知られている。
85(VT11)

エリザベート=ルイーズ・ヴィジェ=ルブラン（1755-1842）
●18世紀、最も有名なフランスの女流画家。マリー・アントワネットの心を掴み王妃付の画家としてヴェルサイユ宮殿に迎えられた。フランス革命中に国から逃れ、ヨーロッパ各地の宮廷で肖像画を制作した。このときに描かれた彼女の作品が、フランスのロココ趣味をヨーロッパに広めた要因の1つとされている。
35(RG01)

エリック・ジリア（生年非公表）
●現代のフランスのイラストレーター。1996年に「ELLE」誌に掲載された連載作品で注目を集め、以来同誌のトレードマーク的存在になる。世界各国の雑誌や書籍カバーのイラスト、広告などで幅広く活躍中。日本でも資生堂、渋谷109などの大手企業の人気広告を手がけている。
123(M10)

エルヴェ・モルヴァン（1917-1980）
●フランスのポスター画家。サヴィニャックと並び、戦後のフランスの広告ポスター界で活躍した。初期は映画ポスターを手がけ、1950年に制作したペリエのポスターで一躍有名になり、その後も多くの企業の広告を手がけた。豊かな色彩と愛らしいキャラクターで世界中にファンをもつ人気作家。
37(RG07), 45(O01), 69(J16), 71(J17, J18, J19, J20), 99(BL04), 129(BLN05)

オーギュスト・ラシネ (1825-1893)
●フランスのイラストレーター、デザイナー、石版工であり学者でもあった。ヨーロッパやアジアなど世界の歴史的な民族衣装やテキスタイルを研究し、自らイラストに起こしたものを石版印刷で書籍化した。多数の著作物があり、現在でも貴重な資料として世界各国で翻訳出版されている。
161(BQ04)

オディロン・ルドン (1840-1916)
●フランスの画家。印象派の時代を生きるが、作風は完全に独自のものである。幻想や無意識の世界をテーマにしたものが多く、後に鮮やかな色彩を用いるようになるが、50歳になるまでは、石版画(リトグラフ)で目玉や蜘蛛などをモチーフにした幻想的な世界をモノクロで描いている。
147(N04)

か

カジミール・マレーヴィチ (1878-1935)
●ロシア帝国領ウクライナ生まれの画家。キュービズムや未来派の影響を受け、それらを融合させたような作品を描いていたが、1910年代半ばに対象物を排除し、抽象的な理念だけを描くという「絶対主義」に達し、表現方法を大きく変えた。具体的にはカンバスに黒い正方形のみを描いた「黒の正方形」や白く塗った正方形のカンバスの上に、角度を変えた白い正方形を描いた「白の上の白」などの作品である。マレーヴィチのこの「絶対主義」は抽象絵画の1つの到達点であると評価されている。
171(MN02)

ガブリエル・シャネル (1883-1971)
●フランスの女性ファッション・デザイナー。本名はガブリエル・ボヌール・シャネル。ピカソやコクトー、ストラヴィンスキーなど同時代を生きた多くの芸術家たちと交流をもち、刺激を与え合った。「なぜ女は窮屈な服に耐えなければならないのか」という疑問をもとに、紳士服の素材やパターンを応用したシンプルなデザインの「シャネル・スーツ」を生み出し、女性服をコルセットから解放した。1955年にはアメリカで「過去50年間でもっとも大きな影響力を与えたデザイナー」としてモード・オスカー賞を受賞した。
131(BLN10), 147(N01), 171(MN04)

川久保 玲 (1942-)
●日本の女性ファッション・デザイナー。1973年にコム・デ・ギャルソンを設立し、1981年からパリ・コレクションに参加。一貫して時代や社会に流されることのない、自立した女性像をコンセプトとしたもので、黒を多用したモノトーンにルーズなシルエットが特徴的である。現代、世界で最も影響力のあるデザイナーに数え上げられている。
149(N07)

クリスチャン・ディオール (1905-1957)
●フランスの著名なファッション・デザイナー。実業家の家に生まれ政治学院に学ぶが、在学中から芸術に強い興味を持ち、ファッションの世界に入る。1946年に独立し、翌年パリ・コレクションにデビュー。細く絞ったウエストとふんわりとしたフレアスカートの「ニュールック」と呼ばれるラインを発表し、モード界に鮮烈な印象を与えると、その後1957年までの11年間、パリのオートクチュール界の頂点に君臨した。
35(RG04)

クリストフ゠フィリップ・オーベルカンプ (1738-1815)
●ドイツに生まれ、フランスに帰化した実業家、染色デザイナー。染色職人の父をもち、自らも染色・プリント産業に従事し、1760年にヴェルサイユ近郊の田舎町ジュイ゠アン゠ジョザに工場を設立した。1770年にフランスで初めて、銅版ローラを使用したプリント技術を開発し、美しい柄の生地が大量に生産できるようになった。彼がつくり出した「ジュイの更紗」は、マリー・アントワネットにも愛され、ヴェルサイユ宮殿でも採用された。
59(BR10)

さ

サン゠テグジュペリ (1900-1944)
●日本での通称サン゠テグジュペリは姓で、フルネームはアントワーヌ゠ジャン゠バティスト゠マリー゠ロジェ・ド・サン゠テグジュペリという。フランス南部の都市リヨン生まれ。作家であり、郵便飛行機のパイロットでもあり、さらに南米やアフリカへの路線を開拓した航空力学の専門家で、ジェット機の開発を目指し、特許を取得した天才技術者でもあった。さらに数学、哲学の分野にも造詣が深かったという。それらの総合的な世界観を投影した文学作品群は高い評価を得ている。「星の王子さま」では挿絵も自身で描いており、このイラストは、ユーロ導入前の50フラン紙幣にも採用された。
73(JV01)

ジャック・ドゥミ (1931-1990)
●フランスの映画監督。1963年に制作したカトリーヌ・ドヌーヴ主演の「シェルブールの雨傘」でカンヌ国際映画祭パルム・ドールを受賞した。
91(C02)

ジャック=ルイ・ダヴィッド (1748-1825)
●フランスの新古典主義を代表する画家。ナポレオンの主席画家を務め、「ナポレオンの戴冠式」、「サン・ベルナール峠を越えるナポレオン」などの代表作を遺した。
47(O08)

シャルル・マルタン (1848-1934)
●アール・デコ期のフランスのイラストレーター。モード雑誌の挿絵のほか、家具や壁紙のデザイン、演劇やバレエの衣装や舞台装置のデザインなども手がけた。
75(JV07)

ジャン・オノレ・フラゴナール (1732-1806)
●ロココ時代のフランスの画家。名作「ぶらんこ」などロココ様式を代表する華やかな絵画を描いてきたが、1789年のフランス革命による時代の変革で、ロココ美術も廃れていき、晩年は失意と貧困のうちに亡くなった。
163(R03)

ジャン・カルリュ (1900-1997)
●アール・デコ期を代表するフランスのグラフィック・デザイナー。キュービズム、未来派、構成主義などの影響を受けた幾何学的なデザインのポスターを多く制作した。
39(RG10)

ジャン・コクトー (1889-1963)
●作家、詩人、脚本家、画家、映画監督など多くの顔をもつ。本人は特に「詩人」であることを望んだという。ピカソ、エリック・サティ、ニジンスキー、シャネルなどさまざまな分野の才能あふれる人々と交流し、刺激を与え合いながら、あらゆる創作活動を行った。フランスを代表する前衛芸術家。
99(BL01)、135(BLN16)

ジャン・デュナン (1877-1942)
●アール・デコ期の工芸作家。スイス出身であるが、彫刻を志してパリに出る。金工師の父から銀や銅の打出しを学び、さらに女性建築家アイリーン・グレイの紹介で知り合った日本人、菅原精造に漆の技法の手ほどきを受け、銀や銅の打出しの上に漆を焼き付けた作品を発表した。
89(VT20)

ジャン・ヌーヴェル (1945-)
●フランスの建築家。ガラスを用いた建築を得意とする。代表作にパリの「カルティエ現代美術財団」や東京・汐留にある「電通本社ビル」などがある。
173(P01)

ジャン=ピエール・ガゼム (1968-)
●フランス人アーティスト。動物の仮面を被った独特のシチュエーションを映した写真作品の他、立体人形作品などを発表。ユーロスター、ハイネケン、カンペール、ディーゼルなどブランド広告にも採用されており、日本でもヴィーナスフォートのポスターなどに使用され、TDC賞を取るなど国内外で高い評価を得ている。
53(O16、O17)

ジャン・ピュイフォルカ (1897-1945)
●パリ出身の工芸デザイナー。余分な装飾がなく幾何学的な線と面で構成したシンプルなデザインで注目を浴びた。1930年にはコルビュジエたちと、より合理的で機能的なフォルムを追求し工業化するための現代美術家連合を結成した。アール・デコを進化させた「モダン派アール・デコ」を推進した。
169(AD02)

ジャン=ポール・ゴルチエ (1952-)
●フランスのファッション・デザイナー。ピエール・カルダンのアシスタントを経て、1976年に初めて自身のコレクションを展開し、2年後に独立。2004年からはエルメスのデザイナーも兼任するなど現代のトップデザイナーの1人となった。
105(BL16)

ジャン=リュック・ゴダール (1930-)
●フランス・スイスの映画監督。ヌーヴェルヴァーグ(1950年代末から始まった若い映画作家たちによる映画運動)の旗手。代表作に「勝手にしやがれ」(ジャン・ヴィゴ賞、ベルリン国際映画祭銀熊賞受賞)「気狂いピエロ」「アルファヴィル」(ベルリン国際映画祭金熊賞受賞)「カルメンという名の女」(ヴェネツィア国際映画祭金獅子賞受賞)などがある。
65(J06)

ジャン・リュルサ（1892-1966）
●フランスの画家、詩人。フランスのタペストリーは、王族や貴族の権威の象徴や「移動するフレスコ画」として神への信仰を説くための宗教画として、権力者たちに擁護されながら、さかんに制作されてきたが、時代が下るにつれ、画家と織手の分業化により品質の低下が引き起こされ、タペストリーの堕落といわれた。ジャン・リュルサはこのような事態の中で、中世のタペストリーを研究し、色彩効果や陰影技法を取り入れた新しい織物を作り上げ、現代タペストリーの新興に情熱を注いだ画家の1人である。「世界の歌—核時代への警告と生命の讃歌」はその代表作である。
59（BR12）

ジュール・シェレ（1836-1932）
●フランスの画家、イラストレーター。アール・ヌーヴォーの先駆者の1人で、画家たちの中でもいち早くポスター制作を始め、大変な人気を呼んだ。ロートレックにも影響を及ぼしたという。ロココ時代の画家アントワーヌ・ヴァトーから大きな影響を受け、女性たちを優雅で軽やかに描いた。このようなスタイルで描かれたシェレの女性たちは「シェレット」と呼ばれる。
167（AN04）

ジョアン・ミロ（1893-1983）
●スペインの美術家。絵画、陶芸、彫刻などさまざまな作品を制作した。原色を多用して、モチーフを激しくデフォルメした特徴的な作風で知られている。
171（MN03）

ジョルジュ・ド・ラ・トゥール（1593-1652）
●現フランス領のロレーヌ地方で活躍していた17世紀前半の画家。ルイ13世の国王付画家の称号をもつ著名な画家であった。絵の中の明暗を強調させ、簡潔に単純化された構図で独特の神秘的な静寂を描いている。
161（BQ02）

ジョルジュ・バルビエ（1882-1932）
●アール・デコ期にもっとも人気を博したフランスのモード・イラストレーター、デザイナー。ポスターやモード雑誌の挿絵、テキスタイルデザイン、「ニジンスキー」に代表される演劇や舞台美術、映画の衣装デザインなど多岐にわたって活躍した。エスプリの効いた配色、大胆で新鮮な構図、気品に溢れる装飾などその芸術性は、同時代から後世にいたるまで、他の芸術家たちに大きな影響を与えた。
53（O19）, 111（VL08）

ジョルジュ・ブラック（1882-1963）
●フランスの画家。パブロ・ピカソとともにキュービズムを創始した。セザンヌとピカソの絵画に大きな影響を受け、さまざまな実験的試みをしながら自身の作品制作に取り組んだ。ブラックの新しい表現方法の発明にはピカソも大きな影響を受けたという。
133（BLN15）, 151（N10）

ジョルジュ・ルパープ（1887-1971）
●バルビエと並び、アール・デコ期のモード・イラストの黄金期を築いた画家、イラストレーター。ポール・ポワレに見込まれ、彼の衣装デザインや店のラベルデザインなどを描き、評価を高めた。
47（O05）, 93（C05）, 109（VL01）

ソニア・ドローネ（1885-1979）
●20世紀を代表する女性画家、デザイナー。ウクライナに生まれ、20歳の時に画家を志して渡仏。フランス人画家のロベール・ドローネと結婚し、お互いに強い影響を与え合いながら、鮮やかな色彩の新しいキュービズムを追求し独自の世界観を確立した。活動は絵画にとどまらず、テキスタイルやファッションなどデザインの分野でも斬新な作品を数多く残した。
45（O01, O02）, 51（O14）, 57（BR07）, 107（BL20）, 139（G07, G08）

ソニア・リキエル（1930-）
●フランスの女性ファッション・デザイナー。これまで普段着でしかなかったジャージ素材をモードの世界でファッションとして提案し、ニットに革命をもたらした「ニットの女王」といわれる。
149（N06）

ソフィア・コッポラ（1971-）
●アメリカの映画監督。父は「ゴッドファーザー」のフランシス・フォード・コッポラ。少女の複雑な心模様を現代的なセンスのファッションや音楽で絶妙に描き、女性ファンも多い。代表作に「ヴァージン・スーサイズ」「ロスト・イン・トランスレーション」「マリーアントワネット」などがある。
25（RS03）

ソフィー・ブクソン（1974-）
●フランスのイラストレーター。パリの百貨店「モノプリ」や仏版「ELLE」のレギュラーで活躍中。独特の顔の表情とファッションセンスが人気を集めている。日本でもアディロン社とのコラボレーションバッグとT

シャツが発売されている。
27(RS07)

た

タマラ・ド・レンピッカ (1898-1980)
●アール・デコ期の女流画家。ポーランド出身。1917年のロシア革命で国を追われ、フランスのパリに亡命。生活のため画業で身を立てる決心をし、もって生まれた才能と強い意志で、画家として成功を収め、パリの上流社会に登りつめる。狂乱の時代と呼ばれた1920年代のパリで、女性の奔放で自由な生き方を実践し、完全無欠な美を追求した個性的な作品を多く遺した。
83(VT05), 143(G13)

な

ナタリー・レテ (1964-)
●パリ出身のイラストレーター、テキスタイルデザイナー。イラストブックの出版、ラファイエットデパートのバレンタインデーのショッパーデザイン、雑貨類の商品展開など幅広く活躍中。2005年には来日し、「ギャラリー・ドゥー・ディマンシュ」で個展を開催。プランタン銀座のウインドーを飾ったライブペイントも好評を博した。
42(RG16)

は

パブロ・ピカソ (1881-1973)
●20世紀もっとも有名な画家。スペイン生まれであるが、制作活動のほとんどはフランスで行われた。ジョルジュ・ブラックとともにキュービズムを創始するなど、フランスに集まった多くの芸術家と交流をもち、影響を与え合いながら、時代ごとにさまざまな作風で多くの作品を遺した。
59(BR11)

ピエール=オーギュスト・ルノワール (1841-1919)
●フランスの印象派の画家。人物を多く描き、印象派を特徴づける象徴的な名画を多く遺した。
147(N01)

ピエール・カルダン (1922-)
●フランスのファッション・デザイナー。クリスチャン・ディオールの立ち上げに参加し、1950年より独立。「宇宙時代的(コスモ・コール)」デザインや、女性的なフォルムを無視した幾何学的な形状、ユニセックスなデザインなど、アヴァンギャルドで実験的なラインを次々と発表し、1960〜1970年代のモード界の流行の中心となった。
113(VL09)

ピエール・バルマン (1914-1982)
●フランスのファッション・デザイナー。オートクチュールの黄金時代といわれる1950年代のパリで、バレンシアガ、クリスチャン・ディオールと並んで「ビッグ・スリー」と称された。香水もモードを表現するものと考え、「ジョリ・マダム」「イヴォワール」など名高いコレクションを発表している。
63(J04)

ピエト・モンドリアン (1872-1944)
●オランダ出身の画家。ワシリー・カンディンスキーとともに、本格的な抽象絵画を描いた最初の画家といわれている。水平と垂直の黒い直線に分割された画面に、三原色のみを使用した絵画作品「赤・青・黄のコンポジション」がよく知られている。
169(AD01)

フィリップ・スタルク (1949-)
●建築、インテリア、プロダクトなどを手がけるフランスのデザイナー。1969年にピエール・カルダンのメゾンに入社し、インテリアとプロダクトデザインを担当する。1980年スタルク・プロダクト社を設立。日本では、東京の浅草にある「アサヒビールスーパードライホール・フラムドール」の建築デザイン、セブン-イレブン向けの文房具やフジフィルムのデジタルカメラのデザインなどが知られている。
79(JV13), 137(G01)

フェルナン・レジェ (1881-1955)
●20世紀前半に活躍したフランスの画家。ピカソやブラックとともにキュービズムの画家とされているが、次第に単純なフォルムと太く力強い輪郭線に明快な色を使った独自の作風を築き上げた。
69(J15), 107(BL17, BL18, BL19), 133(BLN14), 155(N17)

フランソワ・ブーシェ (1703-1770)
●ロココ時代を象徴するフランスの画家。ポンパドゥール夫人を始めとする権力者たちに引き立てられ、上流階級の人々の肖像画や神話をモチーフにした絵画を華やかに描いた。
105(BL13), 163(R01, R02, R03)

ベルナール・チュミ（1944-）
●スイス出身の建築家。都市計画、建築評論の分野でも活躍し、現在はコロンビア大学建築・都市計画・保全大学院校長を務める。
173（P03）

ベルナール・パリッシー（1510頃-1590）
●ルネサンス期に活躍したフランスの陶工。ガラス工であったが当時はガラス工の需要が少なく、各地を遍歴した。独学で釉陶を研究し「田園風土器」といわれた独自の作風を確立した。
89（VT17）

ポール・イリブ（1883-1935）
●フランス南西部のアンゴレームに生まれる。両親はバスク人。17歳のときに雑誌「ル・リール」の挿絵でデビューし、イラストレーターとして人気を集める。ポール・ポワレに見出されてからは、彼の衣装デザインを描き、家具やアクセサリーのデザインを手がけるなど活躍の場を広げる。恋人シャネルとダイヤモンドのジュエリーコレクションを発表したこともある。
47（O06），65（J05），109（VL01）

ポール・コラン（1892-1985）
●ジャン・カルリュと並び、アール・デコ期を代表するフランスのグラフィック・デザイナー。キュービズム、未来派、構成主義などの影響を受けた幾何学的なデザインのポスターを多く制作した。
39（RG10）

ポール・ポワレ（1879-1944）
●20世紀初頭に活躍したファッション・デザイナー。コルセットを使わない新しい女性服をデザインし、「近代ファッションの父」「女性服の革命者」「ファッションの王様」などと讃えられた。またポール・イリブやジョルジュ・バルビエなど、若い芸術家たちの才能を見出し、積極的に援助をした。
47（O06），65（J05，J07），75（JV07），109（VL01）

ま

マリー・ローランサン（1883-1956）
●パリに生まれ育った女流画家。ピカソ、アポリネールら当時の先進的な芸術家グループと青春時代を過ごす。第一次世界大戦中、ドイツ人の夫との7年間の亡命生活の後、離婚して単身パリに戻ると、パステルカラーの夢見るような少女像という新しい画風を確立した。再び戦争が始まるまでのつかの間の平和がもたらした「狂乱の時代」において、時代を体現した売れっ子画家となり、ローランサンに肖像画を描いてもらうことがパリの上流婦人たちのあこがれとなった。
25（RS02），29（RS10），39（RG08，RG09），49（O12），103（BL11），111（VL06），113（VL12），117（VL20），137（G02），143（G14，G15，G16）

モーリス・ユトリロ（1883-1955）
●フランスの画家。母親は画家のシュザンヌ・ヴァラドン。飲酒治療の目的で絵画を始め、心身を病みながら描き続けた。作品の多くは風景画で、壁などに用いられた「白」が独特の魅力をもつ。後に作風を変え「色彩の時代」と呼ばれる時期に入るが、一般的にユトリロの作品としてポピュラーなのは、この「白の時代」といわれる頃のものである。
135（BLN17）

や

山本耀司（1943-）
●日本のファッションデザイナー。東京出身。1981年のパリ・コレクションで、当時タブーとされていた「黒」を前面に押し出したセンセーショナルなコレクションを発表した。
149（N07）

ら

ランブール兄弟
●フランドル（フランス北部、ベルギー西部、オランダ南部にかけての旧フランドル伯領地を中心とした地域）の写本画家の兄弟。ヘルマン（1385頃生まれ）、ポル（1386年頃生まれ）、ヨハン（1388年頃生まれ）の3人。中世フランスの王族、ベリー公ジャン1世の命により、国際ゴシックの傑作といわれる世界一有名な装飾写本『ベリー公のいとも豪華なる時祷書』を描いた。時祷書とはキリスト教徒のための聖務日課書で、個人で使用する私的なもので、権力者たちはそれぞれ趣向を凝らして豪華なものを作らせたという。
129（BLN06），159（MA04）

リチャード・ロジャース（1933-）
●イギリスの建築家。1970年から1977年にかけて、レンゾ・ピアノとともに主宰した建築設計事務所「ピアノ＆ロジャース」では、建築設計競技でパリのポンピドゥー・センターの設計を勝ち取る。現在ロンドン、東京、

マドリード、バルセロナ、ニューヨークに事務所をもち世界中で活躍している。
173(P02)

リュック・ベッソン (1959-)

●フランスの映画監督、プロデューサー。「レオン」や「ニキータ」、「フィフス・エレメント」などの作品で日本でもよく知られている。両親がともにスキューバダイビングのインストラクターであり、自身もダイバーとして潜っていたが、17歳の時に事故に遭い、潜ることができなくなった。このような背景からか、ダイビングや海の世界には強い思い入れがあり「グラン・ブルー」では独自の視点から深い海の世界が描かれている。
99(BL02)

ル・コルビュジエ (1887-1965)

●スイスで生まれ、フランスで活躍した建築家、画家。フランク・ロイド・ライト、ミース・ファン・デル・ローエとともに「近代建築の3大巨匠」といわれている。アール・ヌーヴォーからアール・デコへと装飾的な時代が続いてきた中で、鉄筋コンクリートを使用し、装飾を排除した合理的なモダニズム建築を提唱し、新たな時代の幕開けを象徴した。
155(N18), 171(MN01)

ルネ・ラリック (1860-1945)

●アール・ヌーヴォー、アール・デコ期の両方の時代にわたって活躍したフランスのガラス工芸家、ジュエリー・デザイナー。アール・ヌーヴォー時代には、曲線的な美しいジュエリーのデザインを数多く手がけていたが、アール・デコ期に入り、ファッションの流行がヴォリュームのあるドレスから、シンプルなラインを強調するものへ移行していくと豪華なジュエリーの需要が低下したためか、本格的にガラス工芸の道へ進んだ。自身で工場を設営し、香水瓶、置時計、花瓶などを生産し人気を呼んだ。
89(VT19), 109(VL04)

レイモン・サヴィニャック (1907-2002)

●フランスのポスター画家。独学でデザインを学んだ後、カッサンドルの設立した「アリアンス・グラフィック」で指導を受けながらポスターを描き始める。41歳のときにモンサヴォン社の牛乳石鹸の広告で成功を収め、1950〜60年代のフランスの広告デザイン界を代表する作家として活躍。エスプリにあふれたユーモラスな作品は日本でも人気が高い。
33(RS16, RS19), 63(J02), 67(J10), 71(J17), 85(VT10), 87(VT13, VT14, VT15), 93(C08), 97(C13, C14, C15), 99(BL03, BL04), 129(BLN08), 139(G05), 145(G18, G19, G20)

レイモン・ペイネ (1908-1999)

●フランスのイラストレーター。パリにある広告代理店で、香水やチョコレートの箱のラベル描きなどの仕事を経て、独立。フランスの英字新聞への挿絵の掲載をきっかけに一躍名声を得る。恋人たちの愛の姿をモチーフにした作品を描き続けた。
27(RS06), 55(BR04), 69(J13)

レオン・バクスト (1866-1924)

●ロシアの画家、衣装デザイナー、舞台美術家。セルゲイ・ディアギレフのバレエ団「バレエ・リュス」で「火の鳥」「牧神の午後」などの舞台美術を担当した。エキゾチックで芸術性の高いバクストの衣装はバレエ・リュスの世界的な評価を高めた要因の1つである。
169(AD03)

レンゾ・ピアノ (1937-)

●イタリアの建築家。1970年から1977年にかけて、リチャード・ロジャースとともに主宰した建築設計事務所「ピアノ&ロジャース」では、建築設計競技でパリのポンピドゥー・センターの設計を勝ち取る。日本では関西国際空港旅客ターミナルビルの設計を手がけた。
173(P02)

ロバート・アダム (1728-1792)

●スコットランド出身の建築家、インテリア・デザイナー。イギリスに新古典主義建築(ロココ時代の過剰な装飾や軽薄さに対する反動で荘厳で崇高な建築を模索する動き)を広めた。貴族の邸宅を多く手がけ、古代遺跡に見られるようなグロテスクな柄を当時代風に洗練させてアレンジしたアダムスタイルといわれるインテリアデザインを流行させた。
165(E02)

ロベール・ドローネ (1885-1941)

●20世紀前半のフランスの画家。妻は同じく画家のソニア・ドローネ。カンディンスキー、モンドリアンとともに本格的に抽象絵画を描き始めた先駆者といわれる画家の1人。シュブルールの色彩の同時対比に関する理論に大きく影響を受け、モノクロや茶系の多かった当時のキュービズムの画家たちとは対照的に、鮮やかな色彩の絵画を描いた。
169(AD04)

配色例：色相別

RS03：映画《マリー・アントワネット》ソフィア・コッポラ監督／2006年

DVD「マリー・アントワネット 通常版」
税込3,990円　発売・販売元：㈱東北新社
©2005 I Want Candy LLC.

Rose : Pink｜ピンク｜1

RS01

ローズは、18世紀、ロココ様式の代表色である。ポンパドゥール夫人、マリー・アントワネット妃、ジョゼフィーヌ妃などの貴婦人たちは、バラの花を愛で、室内や食器、ドレスをローズで彩った。この色は第二次世界大戦後、「La Vie en Rose」(バラ色の人生)の歌とともに、1950年代にも大流行した。

1　　　236

RS02

ローズとグレーの配色は、パリジャンヌがシックな配色として好む色である。20世紀前半の閨秀作家マリー・ローランサンの色使いとして、私たちにもよく知られている。ローズのもつ甘美で、感傷的過ぎる色みを、グレーが巧みに包み込んでくれるからだろう。21世紀初頭のローズ流行の折も、この配色は流行した。

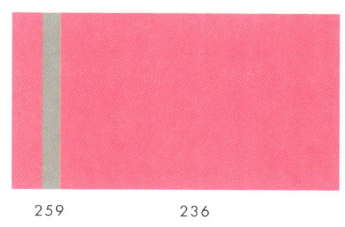

259　　　236

RS03

ローズと茶色の組み合わせ。ローズの色みによって、同一色相配色になったり、類似色相配色にもなったりする。19世紀アンピールスタイルのローズのドレスに白をアソートカラーとして用い、茶色のひだ飾りなどをあしらっている例もあり、しばしば登場する配色である。左の写真はその例である。

078　　　027

RS04

ローズとブライトトーンの青とは対照色相に属する比較的コントラストの強い配色である。ローズをドミナントカラーとして大きな面積に使い、青をアクセントカラーにしたときにはほどよいカラーハーモニーとなる。19世紀末のファッションプレートには、ドレスのローズに対して青のアクセントを用いた例が数多くある。

176　　　027

RS07：ソフィー・ブクソン画

Rose : Pink ピンク 2

RS05

ブライトトーンのローズに、ペールトーンのローズの配色。同一色相のトーン・オン・トーンで、ローズのティントトーンの配色でもある。このローズ濃淡の配色はアール・デコ期のファッションプレートやパリ・コレクションでもよく見受けられる。この配色にはアクセントカラーとして、明るい青が添えられている。

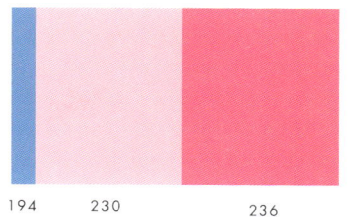

194　　　230　　　　　　236

RS06

ローズと黄色の組み合わせは対照色相配色である。2色とも色差は大きいが、同一のトーンで揃えているから、調和がとれている。アクセントカラーは2色の対照色相の黄緑でも紫でもよいが、フランスのイラストレーター、レイモン・ペイネが描く可愛らしい女性は、黄色のセーター、ローズのスカート、アクセントカラーとして白い靴を用いている。

I　　097　　　　　　236

RS07

ブライトトーンのローズと同一トーンの黄緑の配色である。特に近年になって、店舗のディスプレーやファッションに見られる新しいフランスの配色である。ローズと黄緑は対照色相の配色。2色ともブライトトーンの組み合わせで調和し、色相差が大きいが、明快な配色になっている。

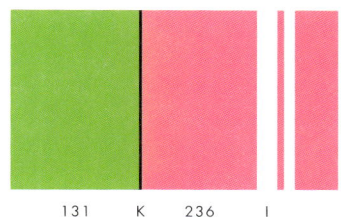

131　　K　236　　I

RS08

これも新感覚のファッション・イラストの配色。ローズとシアンという新しい配色として注目したい。トップスに明るいシアンの濃淡を用い、ボトムに明るいローズを配して、アクセントカラーにアイボリー・ホワイトを組み合わせている。このアイボリーによってシアンとローズという対照色相が一層、生きている。

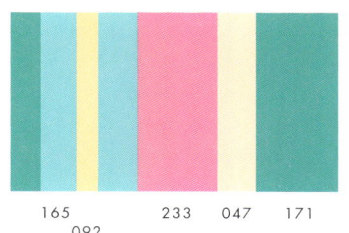

165　　　　233　047　171
092

RS10：《ニコル・グルーと2人の娘、ブノワットとマリオン》マリー・ローランサン画／1922年／個人蔵

RS09

ここではローズとグレーの配色を中心に集めてみた。この配色はアール・デコ期の染織品の配色に由来する。全体がソフトトーンの仕上がりで、背景色は明るい茶色みのグレー。ドミナントカラーは赤みの黄色とローズの2色で、全体がソフトな同一トーンなので、よくまとまっている。

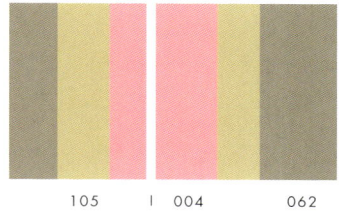

105　　I 004　　062

RS10

写真はマリー・ローランサンの「ニコル・グルーと2人の娘」。背景のグレーは、濃い茶色、淡い茶褐色から、次第に青みのグレーに変化している。この茶色が単なるグレー濃淡より効果的に使用され、中央のローズ濃淡を引き立てている。またアクセントカラーの黒が全体を引き締めている。

004 I　　K 244　　062　　085
　　　　　　　　　　　　　　073

RS11

パリ製のスカーフから抽出した配色。背景色はやや赤みを帯びたグレー。そのグレーのアソートとして類似色相に当たる黄土色を配している。ドミナントカラーは鮮やかなローズで、そのアクセントとして中差色相の青紫が、ローズを引き立たせている。2重のアソートカラーによって深みが出ている。

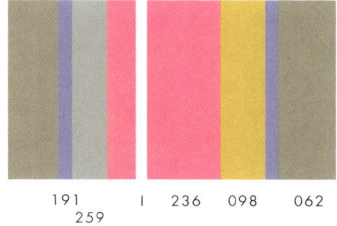

191　　I 236　　098　　062
259

RS12

この配色もアール・デコ期の染織品に由来する。背景にグレーをベースカラーとして配し、さらに微妙なニュアンスの異なるオフ・グレーの濃淡を組み合わせている。その上にクリアなドミナントカラーとして透明度の高いローズを配しており、相互の色が互いにそのよさを充分に発揮している。『フランスの伝統色』(小社刊)の表紙に使った配色だとお気づきだろうか。

J 109　　004 236　　106　　062

RS13:《ポンパドゥール夫人のポプリ壺》
ジャン゠クロード・デュプレシ、シャルル゠ニコラ・ドダン作／1760年頃／パリ、ルーヴル美術館蔵

RS13

フランスで代表的なローズはポンパドゥール・ピンク（Rose Pompadour）である。セーヴル磁器を愛好したポンパドゥール侯爵夫人の名にちなんで付けられた。このローズと金色で周囲を飾り、中央にさまざまな色でシノワズリ（中国風）の絵付けをしたポプリ壺である。

236 | 143 244
189 099 270

RS14

次もセーヴル磁器から抽出した配色である。ただ、この配色では、ローズと金彩という定番の組み合わせではなく、ローズと対照色相の濃い緑を配した配色になっている。この緑が中央の白を背景にしたシノワズリの雅宴画のフレームになっており、対照色相配色のため、前者よりは強い印象になっている。

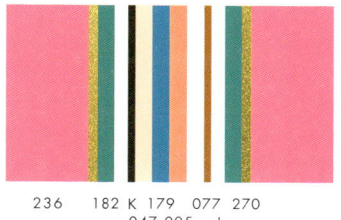

236 182 K 179 077 270
047 005 I

RS15

これもポンパドゥール・ピンクと金色が彩るセーヴルのポプリ壺に由来する。ベースカラーのピンクに金色と白が組み合わされていて、一層、豪華な趣となっている。壺の中央には金色に縁取られた空間に、綺麗な衣服を着た男女が逍遥する庭園の風景が、雅宴画風に多彩に描かれている。

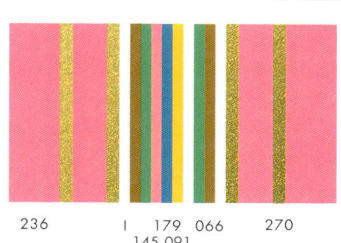

236 I 179 066 270
145 091

RS16：ポスター《羊毛週間》レイモン・サヴィニャック画／1951年

RS16

フランスのポスター画家、サヴィニャックは、ローズをよく使っている。ポスターのテーマは「Quinzaine de la Laine」(羊毛週間)で、オフ・ホワイトを背景にドミナントカラーのローズの羊毛が描かれている。アソートカラーは類似色相の濃い黄色、アクセントカラーに淡いオリーブが使われ、爽やかな雰囲気を醸し出している。

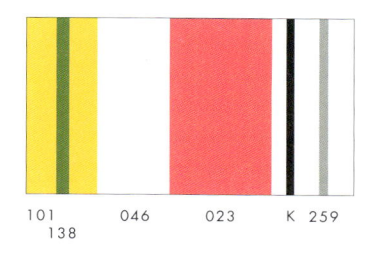

101　046　　023　K 259
138

RS17

ローズは何色ともよく調和する色であるが、これはベースカラーにローズを使ったファッション・イラストの配色である。金髪にベージュの衣服、それにグレーのソックスと黒のシューズがポイントになっており、アクセントカラーとして濃いローズと白が使われている。中差色相の黄色、無彩色の3色にもよくマッチしている。

K　　047　I　　101　232
259　　　241

RS18

フランスの画家、マティスの壁画「ダンス」の配色である。白をドミナントカラーとして使い、背景のアソートカラーに明るい青、ローズ、そして黒を配している。中央の黒を基点として、対照色相の青とローズが連続的に展開されていて、一層、目立つ配色になっている。背景の3色の影響を受けて白が微妙に違って見える対比効果が面白い。

196　I　244　K

RS19

この配色もサヴィニャックのポスターの色使いに由来する。ディープトーンの紺色を背景に、対照色相にあたるローズが大きく使用され、ドミナントカラーになっている。アソートカラーとして濃紺の対照色の黄色が効果的に表現され、「対照色相の調和」になっている。

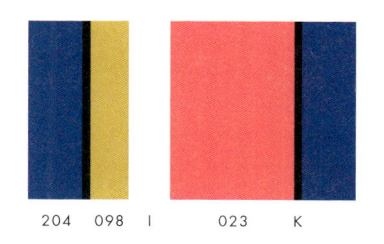

204　098　I　　023　　K

RG01：《フランス王妃マリー・アントワネットの肖像》エリザベート＝ルイーズ・ヴィジェ＝ルブラン画／18世紀／東京、東京富士美術館蔵

Rouge : Red｜赤｜1

RG01

ビビッドな赤に白をアクセントカラーにした配色。コントラストトーン配色の典型である。18世紀の有名な女性画家、エリザベート・ルブランの作品に、真っ赤なドレスを着て胸元に白い襞飾りをつけている王妃マリー・アントワネットの肖像画がある。やがてディオールに続くファッションカラーの基本的な配色といえるだろう。

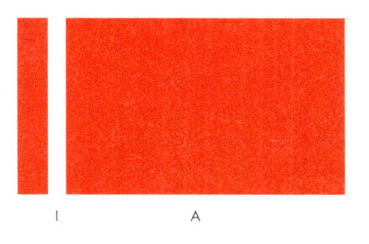

I　　　　　A

RG02

赤と緑の組み合わせは、自然によく見る赤い花と緑の葉っぱの配色である。もちろん、赤と緑は、お互いに「合い呼び求め合う」補色の関係だから、色相のコントラストは強くてもよく調和する。「対照色相の調和」である。パリ・コレクションのコスチュームやプリントデザインなどで、しばしば登場する配色である。

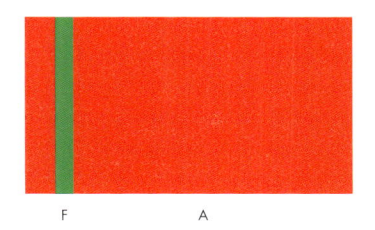

F　　　　　A

RG03

この配色はドミナントカラーの濃い赤に、ダークな茶色を組み合わせている。ともに明度を下げていることによって、赤と茶色とがよく調和しあい、赤の輝きを中和している。バロック、ロココ時代のドレスから、アール・デコ期のファッション・イラストまでフランスのファッションを彩ってきた伝統的な配色である。

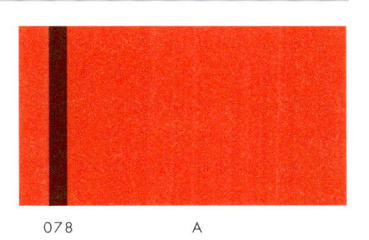

078　　　　A

RG04

対照トーン配色である赤と黒の組み合わせ。20世紀もっとも著名なファッション・デザイナーのクリスチャン・ディオールが発表した赤いドレスコートには、黒のアクセントカラーが添えられている。色名として残る鮮やかなディオール・レッドには、漆黒の黒がもっとも映える色といえるであろう。

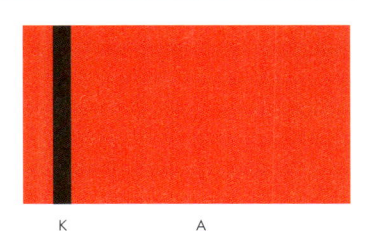

K　　　　　A

Rouge ｜ 35

RG05：《民衆を導く自由の女神》ウジェーヌ・ドラクロワ画／1930年／パリ、ルーヴル美術館蔵

RG05

青、白、赤の3色旗、すなわちフランス国旗の配色、トリコロール（Tricolore）である。フランス革命の精神を表し、青は自由、白は平等、赤は博愛を象徴しているという通説がある。第一共和制のときに制定された国旗は、赤、白、青の横3色であったが、1794年以降、現在の形になった。色の比率もいろいろ変わったが、現在では同じ幅である。

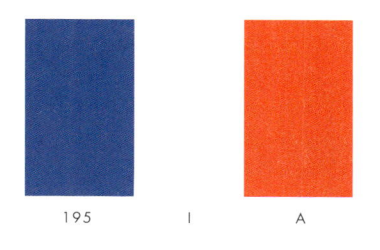

RG06

ドミナントカラーに鮮やかな赤、アソートカラーにオレンジ。この類似色相をメインとして、それにアクセントカラーとして、赤の反対色相の黄みの緑を添えている。これだけで充分調和するのに、さらに、コントラストトーンの黒を配色している。充分に計算されたパリ・コレクションのコーディネートである。

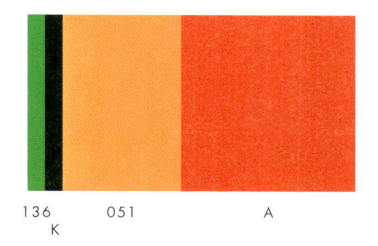

RG07

鮮やかな赤をベースカラーにして、それに高彩度のローズを添わせた配色。この赤とローズの配色は類似色相でよく調和するはずであるが、お互いに赤を含んでいるためか、もうひとつ割り切れないものが残る。この配色では、それにコントラストトーンの白と黒、黄色を添え、その問題を解決している。フランスのポスター画家、モルヴァンの作品である。

RG11：映画《赤い風船》アルベール・ラモリス監督／1956年　©Copyright Films Montsouris 1956

RG08

グレーには赤と黄色の中差色相配色の強いコントラストを融和する力があると色彩学者のシュブルールは述べている。また調和的に有効であるともいっている。グレーは最もフランス的な色であり、20世紀前半に活躍した画家、マリー・ローランサンの絵画「3人の若い女性」にも、ベースカラーの白とともに赤・黄色・グレーが使われている。

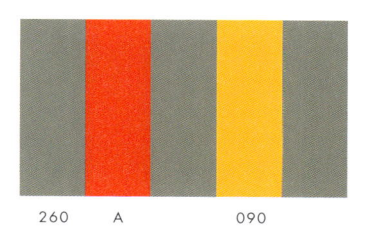

260　　　A　　　　　090

RG09

赤と紫は中差色相配色であるが、相互に妨害しあって、調和的には難しい配色のひとつである。シュブルールは、それをグレーでセパレートすることにより、調和的になると述べる。マリー・ローランサンの「犬を抱いた女」などの作品がそのことを明らかにしてくれる。ただシュブルールはグレーより、白のほうが一層、調和的であるともいっている。

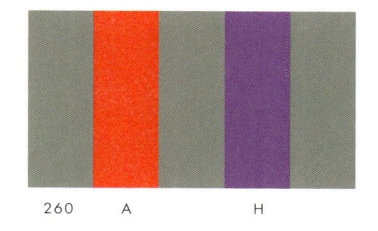

260　　　A　　　　　H

RG10

赤とオレンジを黒でセパレートするこの配色もシュブルールの推奨する配色である。彼によれば赤とオレンジは相互の美しさを妨げやすいといい、黒でセパレートする方法が、白でセパレートする方法より数段優れているという。20世紀前半に活躍したフランスのグラフィック・デザイナー、ジャン・カルリュやポール・コランは、黒をベースカラーとしてこの色使いのポスターを制作している。

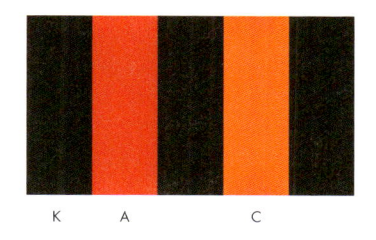

K　　　A　　　　　C

RG11

補色の赤と緑の2色に黒を組み合わせる配色は、シュブルールが「色彩の同時対比の法則」で薦めた配色である。補色どうしの強いコントラストを黒が中和してくれるためであろう。19世紀末に活躍した画家のロートレックが、タブローやポスターで、愛用した配色でもある。写真はフランス映画「赤い風船」の1シーン。

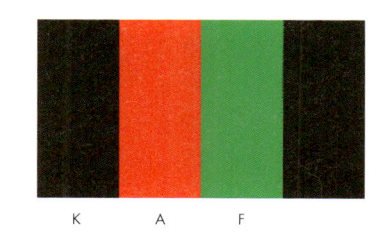

K　　　A　　　F

RG13：フランスのアンティーク・ファブリック

RG12

本ページではフランスの可愛らしいアンティーク・ファブリックで赤を使った配色を見てみよう。ベースカラーにローズのトーン・オン・トーンのストライプを配し、その上に赤いバラとブルーのバラのブーケを散点させている。赤いバラはグランドのローズの隣接色相であり、ブルーの花は対照色相である。

232　150　I 194　234
　　235

RG13

この配色はベージュ地にディープトーンの紺色の縦縞の中に、赤とローズの隣接色相のトーン・オン・トーンのバラの花を並べたものである。縦ボーダーの濃紺の周辺には対照色相の黄色の模様を添えて、濃紺を生かしている。またこの黄色は中央の花を結ぶ花綱として、赤いバラ（と緑の葉）との明快な対比を生み出している。

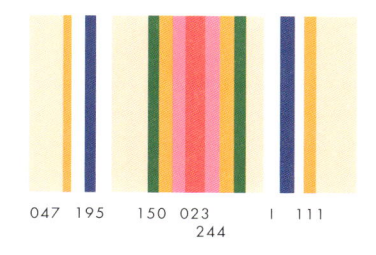

047　195　150　023　I 111
　　　　　　244

RG14

こちらもベージュを背景色に使ったプリント・ファブリックの配色。鮮やかな赤とローズ、白の濃淡の花と、淡い青の花のブーケが連続的に配置されている。葉は緑であるが、濃い茶色が差し色として入り、花芯には赤、緑の中差色相である黄色が配されている。

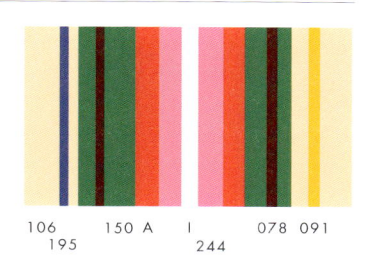

106　150 A　I　078 091
195　　　244

RG15：パリの街角で売られているフランスの画家たちのポストカードのコレクション

Rouge : Red | 赤 | 5

RG15

フランスの配色の中でも赤は、もっとも魅力的な色である。写真は第一次世界大戦前のポストカードのコレクション。ロートレックを始めとして、数多くのポストカードに赤が使われている。赤を中心に類似色相のオレンジ・茶色、補色色相の緑、対照色相の青との配色などさまざまである。この配色は写真中央のポストカードによる。

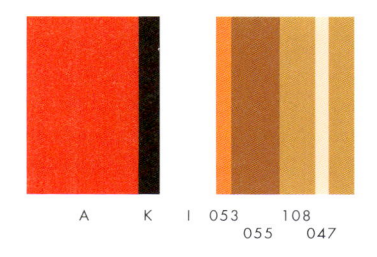

A　K　I　053　108
　　　　　055　047

RG16

現代の人気イラストレーター、ナタリー・レテの作品をもとにした配色。ベースカラーはローズ。主人公の女の子は明るいローズのブラウスに鮮やかな赤い頭巾と赤いスカートを穿いている。周囲には薄緑の森の木が描かれている。ローズの隣接色相の赤と組み合わせて、トーン変化でバランスをとっている。

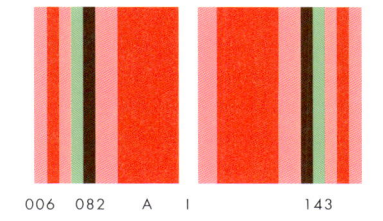

006　082　A　I　143

RG17

この配色はマティスの絵画「緑の筋のある女性」からの抽出である。マティスは、女性の鼻筋を緑で描き、その背景の右側は緑、左側は赤と二分して振り分けている。顔は赤と緑の中間である黄色、髪は黄色の補色の紫である。一見、自由闊達に描いているようだが、緻密な配色の計算が働いている。

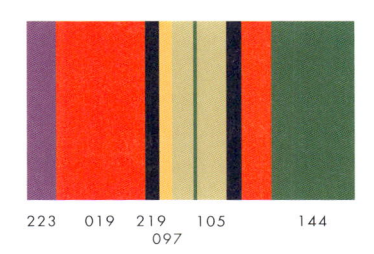

223　019　219　105　144
　　　　　097

RG18

マティスには赤を主題にした絵画が多い。「赤い部屋」「赤いアトリエ」「赤いハーレム」。これらの絵では赤をドミナントカラーにして、アソートカラーに類似色相のオレンジと黄色、アクセントカラーに補色の緑を使ったり、無彩色の黒、グレーなどを配している。この配色は「赤い部屋」。

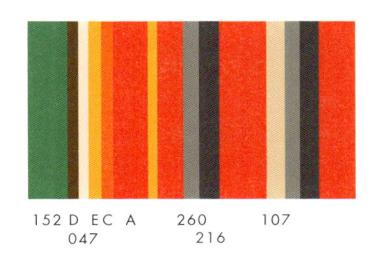

152　D　EC　A　260　107
047　　　　　　216

001：エルヴェ・モルヴァンのグリーティングカード／1965年

Orange : Orange｜オレンジ｜1

○01

フランスの配色には、意外とオレンジを使ったものが多い。中世にはややマイナスのイメージがあったが、最近ではよく使われるようになった。オレンジの画家といわれるゴーギャンを始め、ロートレック、ドローネなどの画家はこの色を使いこなした。左図はオレンジと白と黒を使ったモルヴァンのグリーティング・カード。

| | 054 |

○02

オレンジに無難に合う色といえば、同系色のディープトーン、ダークトーンの茶色である。「色彩キュービズム」のソニア・ドローネなどのテキスタイルデザインには、明るいオレンジを主調色として、それに茶色のトーン・オン・トーンや黒までを配した作品が数多くある。シュブルールの「同一色相の調和」である。

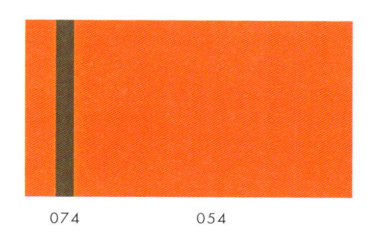

| 074 | 054 |

○03

オレンジに補色の青を配色する方法は、近世以降のカラーコーディネートの仕方であろうか。19世紀後半のロートレック絵画やファッションプレートで初めて見ることができるようになった。この配色は現代のイラストレーターによる配色で、トップスとボトムに同色のオレンジ、シューズとベルトに明るい青を使っている。

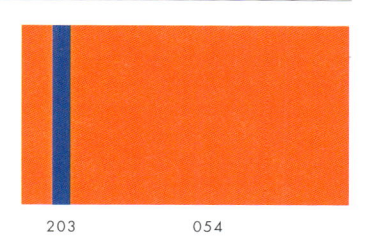

| 203 | 054 |

○04

中世に『色彩の紋章』を著した紋章官シシルを描いた図版を見ると、オレンジと黒の配色のジャケットを着ている。中世の道化や子供たちも、この配色のタイツを穿いている絵がある。イメージとしては、黄色と同様で、少し差別的な配色だったかもしれない。オレンジと黒のコントラストで目立つ配色はロートレックの絵などでも見る配色である。

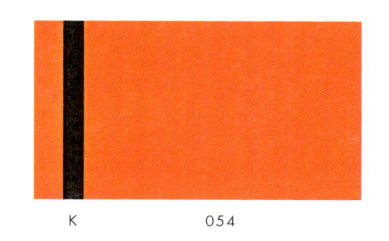

| K | 054 |

005:アール・デコ期のファッション誌より《蝶》ジョルジュ・ルパープ画／1912年

Orange : Orange ｜ オレンジ ｜ 2

○05

オレンジと白はよく調和する色である。アクセントカラーを添えてもよいし、添えなくても充分に魅力ある配色である。この配色では、オレンジの補色であるストロングトーンの青をアクセントカラーに使用して、一層、その効果を高めている。20世紀前半に活躍したファッション画家、ジョルジュ・ルパープの作品の配色である。

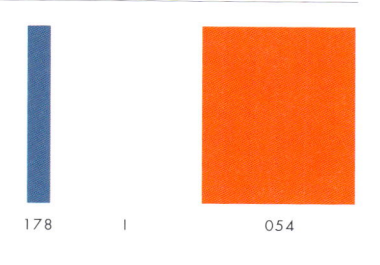

178　　　I　　　054

○06

ブライトトーンのオレンジと同一トーンの鮮やかな黄色との配色。類似色相ではあるが高彩度の「高輝度」どうしの組み合わせなので、コントラストが強く感じられるが、その違和感を中明度のグレーがほどよく中和している。特にフランス人は、このグレーの使い方がうまい。アール・デコ期の人気イラストレーター、ポール・イリブの描くポワレのドレスから配色を引用している。

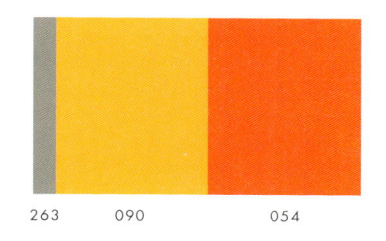

263　　　090　　　054

○07

ドミナントカラーのライトトーンのオレンジに対して、アソートカラーに中明度のグレーと白を配したトーン・コントラストの配色。グレーにはローズやオレンジの「光輝色」を中和させる効果があるので、よく調和している。アクセントカラーは黒。1981年の最初のTGVの車体カラーはこの配色である。

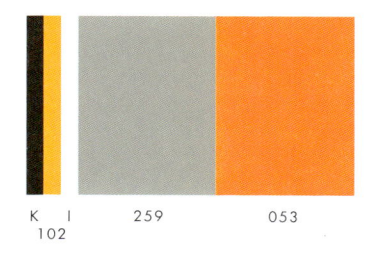

K　I　259　　　053
102

○08

オレンジとダークな緑にアクセントカラーとして淡いオレンジを使った配色である。オレンジと緑は色相差120度の色相コントラスト配色。トーンはビビッドトーンとダークトーンの対照コントラスト配色。つまり「対照色相の調和」である。ダヴィッドの名画「サン・ベルナール峠を越えるナポレオン」の勇姿は、この配色である。

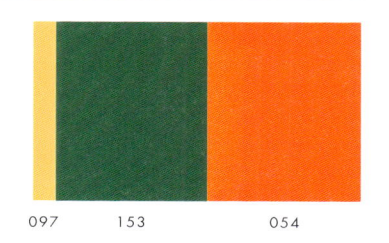

097　　　153　　　054

Orange ｜ 47

009：シルバーストン・サーキットを走るルノーのＦ１カー

Orange : Orange｜オレンジ｜3

○09

本ページではシュブルールの配色理論を中心に紹介してみよう。「オレンジと黄色の配色は、赤とオレンジの配色と比較にならないほど調和的である」と述べる。両者ともオレンジの類似色相であるのに、興味深いことである。また「オレンジと黄に白を加えた配色はさらに魅力的である」という。写真はルノーのF1参加車である。

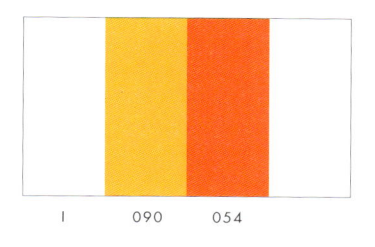

| I | 090 | 054 |

○10

「オレンジと緑の配色は、それほど悪い関係ではない」と述べている。元来は対照色相だから、コントラストが強いはずなのに、私たちはこの配色を自然の草花によく見ているからであろう。「自然連鎖の配色」のひとつである。シュブルールはこの2色に白を添えることによって、一層、魅力的になるという。

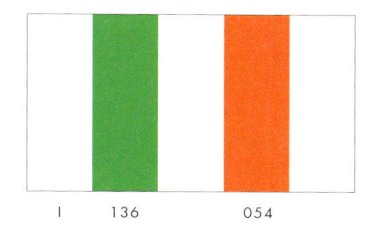

| I | 136 | 054 |

○11

オレンジと紫は対照色相の色であるが、シュブルールは「オレンジと紫は、両方に赤が含まれているために、オレンジと緑ほど際立ちにくい」といっている。だから、それを白でセパレートすることによって、一層、魅力的になるというのである。現代のイラストレーターの作品などによくみられる配色である。

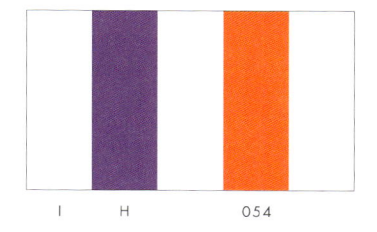

| I | H | 054 |

○12

○09で述べたオレンジと黄色の配色に黒を添えた配色。シュブルールによれば、この2色は「光輝色」であるから、黒によってほどよく調和して、魅力的な配色になるという。また彼は黒がグレーに代わっても、黒ほど激しくなくて、中和させるから良いという。ロートレックやローランサンの絵画作品に見られる配色である。

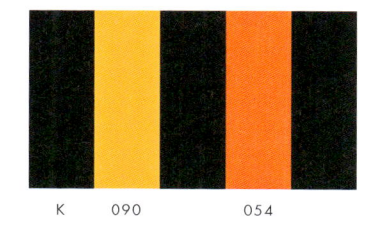

| K | 090 | 054 |

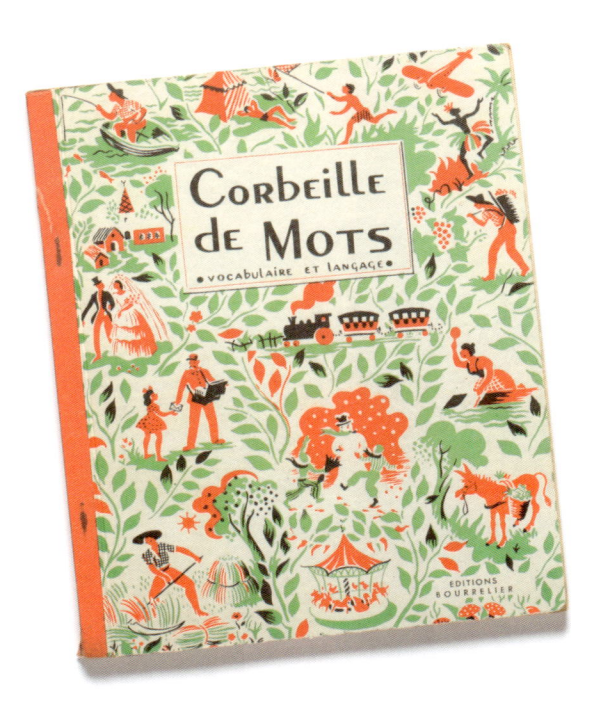

013：フランスの中学生の国語の教科書

Orange : Orange｜オレンジ｜4

○13

フランスの小・中学生向けの教科書には、自然の風景を描いた赤とオレンジ、緑濃淡を使った色使いのものが多い。白やベージュを背景色にして、赤やオレンジと緑、それに茶色を加えた自然連鎖の色は見慣れた配色であるし、明視性が高いからであろう。この配色は、それらを総合したイメージである。

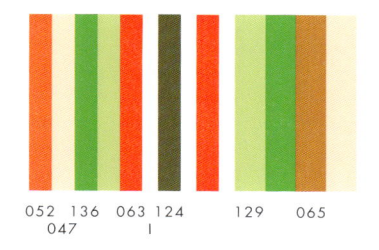

052　136　063　124　　129　065
047　　　　　I

○14

「色彩キュービズム」の画家、ソニア・ドローネの描いたファッション・イラストによる配色。オレンジの濃淡を主調色（スカート）にして、トップスに黒と白、アクセントカラーにオレンジの対照色相であるライトトーンの緑を使っている。オレンジと緑を無彩色がほどよくセパレートしている。

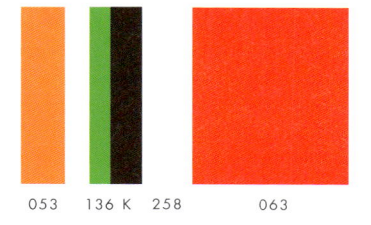

053　　136 K　258　　063

○15

この配色はマティスの有名な絵画「ダンスⅡ」（1910年）に由来している。マティスは線を強調するために「空の青、人体のピンク（実際はオレンジ）、丘の緑」に絞ったという。ベースカラーのディープトーンの青と緑を背景にして、ダンスを踊る人体の肌は青の補色のディープなオレンジで彩色されている。髪は肌色のトーンを落とした茶色。

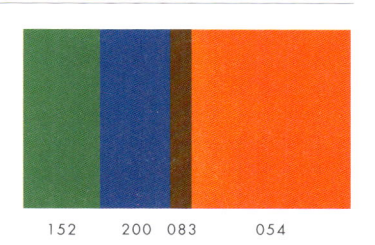

152　　200　083　　054

019：アール・デコ期のファッション誌より《パリジェンヌのファッション：ヨットのファッション》ジョルジュ・バルビエ画／1914年

Orange : Orange | オレンジ | 5

○16

現代アーティストのジャン＝ピエール・ガゼムの人形作品にはオレンジ色がメインカラーとして、しばしば使われている。この配色は明るい青の顔面に、ビビッドトーンのオレンジのシャツとベストを着ている蛙の人形をもとにしている。ネクタイはオレンジの類似色相の黄色、パンツは黒でセパレートされ、オレンジ、黄色、黒の見事な配色である。

K　　171 E　　　　　C

○17

こちらもガゼムの人形作品による配色。トップスに赤みの強いオレンジ、パンツに隣接色相のオレンジを配し、さらにベルトに彩度の高い茶色を使った「類似色相の調和」。一方、頭部は中明度のグレーにローズの舌が覗いている。オレンジ濃淡に対してグレーが中和剤になっている。

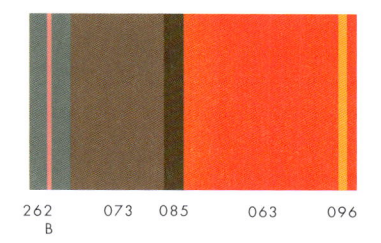

262　　073　085　　　063　　　096
B

○18

オレンジをよく使う画家といえば、後期印象派のポール・ゴーギャンである。タヒチを舞台にした作品では、オレンジを中心に赤、黄色の3色がよく用いられている。この配色は絵画「市場にて」。背景の反対色の緑に対して、4人の人物が黄色、オレンジ、薄紫、緑と色相グラデーションで表されている。

144　　I 191　　054　　101　A

○19

アール・デコ期のイラストレーターのジョルジュ・バルビエの作品に由来する。ベースカラーに明るい青と高明度のグレーの2色を用いている。ドミナントカラーは高彩度の真っ赤なジャケット、それにアソートカラーとして類似色のオレンジのグラデーション。帽子・袖のカフスの黒が、メインカラーに刺激的な効果を与えている。

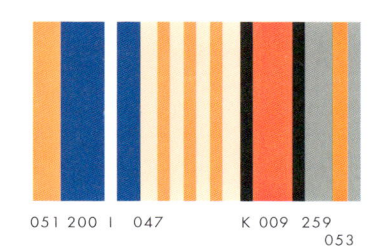

051 200 I　047　　K 009　259
　　　　　　　　　　　　　　053

Orange | 53

BR04：《秋の日のヴィオロン》レイモン・ペイネ画／1985年

Brun : Brown｜茶色｜1

BR01

色彩学者のミシェル・パストゥローによれば、茶色は長い間、嫌われてきた色だという。しかし、色の象徴性や呪術性が希薄になった現代では、他の色と同じように頻繁に使われている。この配色は、ディープトーンの茶色に対して白の組み合わせであるが、20世紀以降は頻繁に見られる配色である。

I　　　　　079

BR02

茶色と黄色の配色は、同一色相または類似色相のトーン・オン・トーン配色だから、「類似色相の調和」の組み合わせである。暗い茶色、濃い茶色など茶色もさまざまなトーンの茶色があるから、この組み合わせも、相当の広がりをもっている。20世紀初頭のデザイナーたちは、この配色を好んだ。

111　　　　079

BR03

茶色と緑はナチュラル・カラー・ハーモニーといわれ自然界によく見られるため、当然のことながら好ましい配色である。茶色は基本的に赤やオレンジ、黄色の低明度、低彩度のダークカラーだから、この2色は補色のトーン・コントラスト配色である。風景絵画やデザイン、スポーツなど、あらゆるジャンルで好まれている。

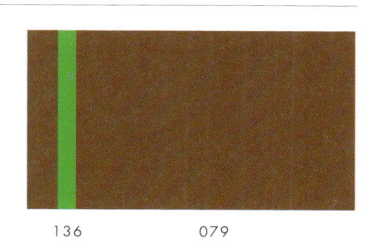

136　　　　079

BR04

茶色と黒は、比較的ダークな色の組み合わせである。レイモン・ペイネの主人公は、いつも茶色1色のスーツ（ときには黄色のベストを着ている）を着用し、白いシャツに黒の帽子を被り、黒い靴を履いている。左図では白がセパレートカラーとして黒と茶色2色の組み合わせを、一層好ましいものにしている。

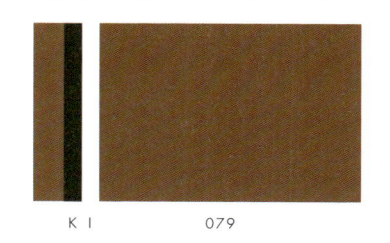

K I　　　　079

BR05：パリのパティスリーのショップウインドーに飾られた焼き菓子

Brun : Brown ｜ 茶色 ｜ 2

BR05

フランスには、ショコラ、マカロン、ビスキュイなど、茶色からベージュに至る茶色のグラデーションの菓子が多い。茶色と類似色相のディープトーン、ライトトーン、ペールトーンなどをドミナントにした配色だから、落ち着いた感じがする。そこに淡い黄緑、ローズなどが加わって、美味しく見えるのである。

142　143　092　B　053　034　043

BR06

アール・デコ期の装飾デザインの配色に由来する。ベースカラーに高明度のグレーを配し、ドミナントカラーとして中明度のグレーとライトブラウンを組み合わせている。アソートカラーは白、アクセントカラーに黒を用いて引き締めている。明度の高いグレーと茶色の無機的な配色は、アール・デコ期の特徴であった。

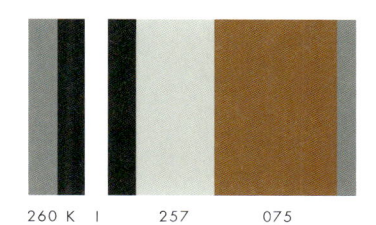

260　K　I　257　075

BR07

BR04でも述べたが、フランスの地味色の配色として、黒やグレーをドミナントカラーとして茶色をアクセントカラーに、茶色をドミナントカラーとして黒やグレーをアクセントカラーに用いることが、しばしば行われている。ポスター作家ではカッサンドル、テキスタイルではドローネなどの作品にしばしば見受けられる。

260　057　074　K

BR08

ダークトーンの茶色をドミナントカラーとし、アソートカラーに黒、アクセントカラーに青紫を使った配色である。黒をセパレートカラーとして、茶色と青紫という対照色相の組み合わせは、意外とシックな配色に見える。この配色はカッサンドルのポスター作品から引用したものであるが、その意外性に驚かされる。

074　218　K　043

BR09：《バイユーのタペストリー》11世紀／バイユー、バイユー・タペストリー美術館蔵

Brun : Brown | 茶色 | 3

BR09

この配色は11世紀の「バイユーのタペストリー」から引用。1066年に起こったノルマン・コンクエスト（征服）を題材にした長尺の刺繍織物である。ここでは生成り色のグランドに濃い緑をドミナントカラーとして戦士の衣服を織り出し、アソートカラーには茶色とよくマッチする渋めの黄土色を合わせている。

117　140　047　089　118

BR10

18世紀、フランスでは染織デザイナーのオーベルカンプによって銅版捺染の「ジュイの更紗」が完成し、ヨーロッパで人気を集めた。基本的には木綿の生成り地に茶褐色の1色濃淡で往時の田園風景や日常生活を描いたものである。他に赤褐色、黄褐色、青濃淡などもある。カマイユ（単色）配色の典型である。

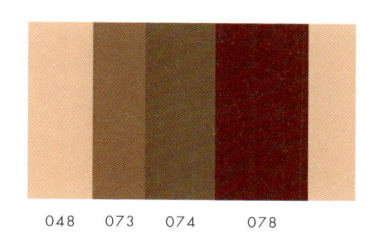

048　073　074　078

BR11

茶色のダークトーンからライトトーンへの明度グラデーションが主調色になっていて、それに黒と中明度のグレーをアソートカラーとして使っている。茶色の色相グラデーションと、無彩色のグラデーションとがお互いに緊張関係を生んでいる。ピカソの絵画に想を得て、1960年代にサンローランがコートの色に使用したものである。

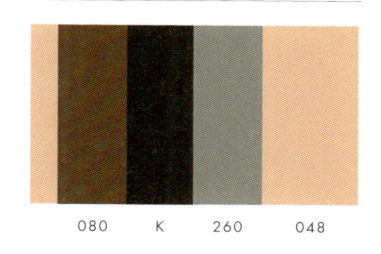

080　K　260　048

BR12

この配色はタペストリーの詩人といわれるジャン・リュルサの名作タペストリー「太陽と鶏」に由来する。プラドー・ラッシー大聖堂にあるこのタペストリーは、右側の大半を濃紺のグランドにして、対照色相である茶色濃淡で「太陽と鶏」の主題を形成し、左半分にある濃い赤のグランドを全体のアソートカラーにしている。

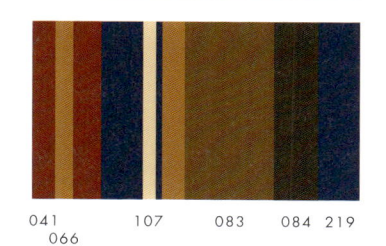

041　107　083　084　219
066

BR13：コート・ダジュールにある保養地、ヴィルフランシュ＝シュル＝メールの古い家並み

Brun : Brown ｜ 茶色 ｜ 4

BR13

この4点の配色は南フランスの海岸沿いの家並みの外観を観察したものである。ほとんどの外壁はローズからオレンジ、茶色、黄色に至る色で、同系色のトーン・オン・トーンでまとめているから違和感がない。この路地裏の配色も外壁の茶色やダークイエローに、窓枠は対照色相の青でまとめている。

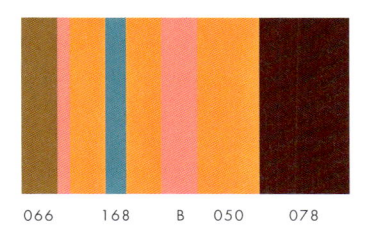

066　168　B　050　078

BR14

階層により外壁の色を変えている家もある。1階の外壁は明るいグレー、2階はベージュ、3階はライトトーンの茶色にして、屋根にダークな茶色を用いている。屋根の重厚な感じによって、家全体に統一感が生まれている。門扉には茶色の反対色である濃いめの緑、窓枠には、明るい同系の緑を用いて、全体のバランスをとっている。

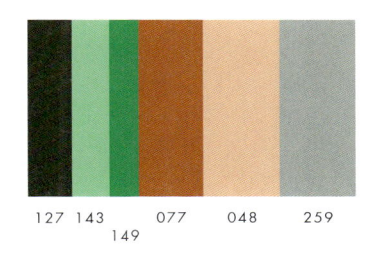

127　143　077　048　259
　　　　149

BR15

ヨーロッパ各地の外壁や屋根瓦は、その地域の土を焼成して作るから独特の色合いを帯びている。門扉や窓枠は、その外壁などの主調色の濃淡にしたり、類似や反対の色相で彩色したりする。この配色は外壁にライトな茶色、門扉はディープな茶色、窓枠に類似色相のオレンジ、屋根はグレーで揃えている。

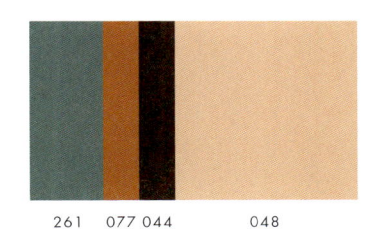

261　077 044　048

BR16

外壁にブライトトーンのオレンジを使っている家があった。全体に茶色〜ベージュ系の家が多い中では出色の配色である。門扉はそのオレンジの彩度を落としたダークトーンの茶色で、全体のバランスを保ち、屋根瓦にオレンジの類似色相である赤系の色を使っている。窓枠にはオレンジや赤の反対色である淡い緑を用いてアクセントにしている。

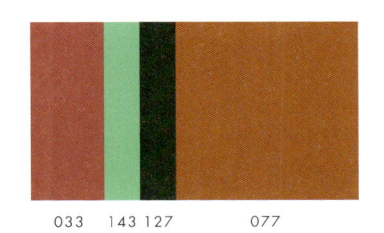

033　143 127　077

Brun ｜ 61

J03：ツール・ド・フランス 2006

Jaune : Yellow ｜ 黄色 ｜ 1

J01

黄色とグレーの配色は、高彩度の黄色のもつ強さや明視性をグレーがほどよく調和するためか、心地よい印象を与える組み合わせである。アール・デコ期のファッションプレートやテキスタイルデザインには、黄色をドミナントカラーとして、アクセントやアソートにグレーを使った事例を数多く見ることができる。

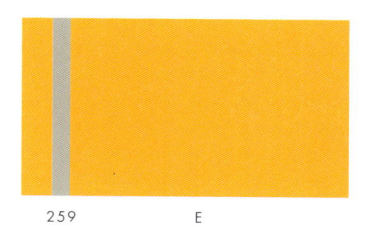

259 　　　 E

J02

黄色とオレンジは類似色相であり、どちらがドミナントカラーであっても「類似色相の調和」で、よく調和する配色である。多くの場合、アクセントカラーに黒を添えたりするが、充分、この2色で説得力のある配色になる。サヴィニャックのポスター作品などに見られる配色である。

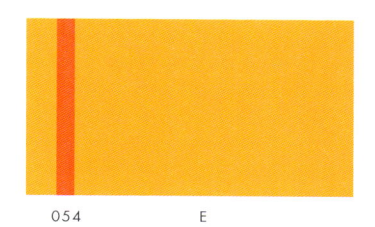

054 　　　 E

J03

国民的スポーツである自転車ロードレースのツール・ド・フランスでは、1919年以降、個人総合優勝者には、マイヨ・ジョーヌ（Maillot Jaune）という黄色のジャージが与えられている。ジャージは黄色1色であるが、所属チームを表すネームが付く。主調色の黄色に黒と白のネームが効果をあげている。

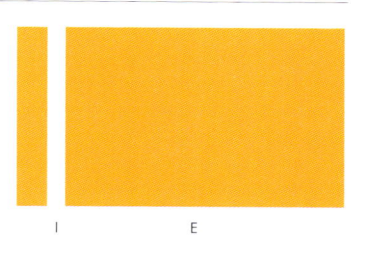

I 　　　 E

J04

黄色と黒の配色はもっとも明視性の高い配色である。かつては忌避された黄色も、今ではCIカラー、広告、商標などに積極的に使われている。自動車メーカーのルノーのCIカラーであり、ピエール・バルマンの香水ビンのラベルにもこの配色が使われている。

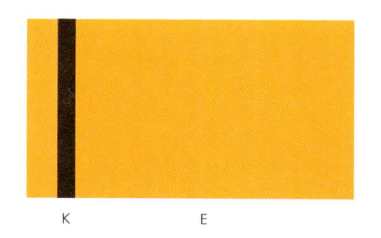

K 　　　 E

UNA PELÍCULA DE
Jean-Luc Godard

A Bout de Souffle

**JEAN PAUL
BELMONDO**

**JEAN
SEBERG**

(Al final de la escapada)

UN FILM ESCRITO Y DIRIGIDO POR **JEAN-LUC GODARD** GUIÓN ORIGINAL DE **FRANÇOIS TRUFFAUT** ASESOR TÉCNICO Y ARTÍSTICO **CLAUDE CHABROL**
MÚSICA DE **MARTIAL SOLAL** FOTOGRAFÍA DE **RAOUL COUTARD** PRODUCTOR **GEORGES DE BEAUREGARD**

J06：映画ポスター《勝手にしやがれ》ジャン＝リュック・ゴダール監督／1960年

Jaune : Yellow ｜ 黄色 ｜ 2

J 05

この配色はストロングトーンの黄色にライトトーンの黄色、そして白と、トーン分布でいえばティントトーン配色になっている。同一色相のトーン差の変化だから、よく調和する。アクセントカラーとして、対照色相である藍色を配し、黄色のグラデーションを引き立てている。ファッション画家、イリブの描くポール・ポワレのドレスコートである。

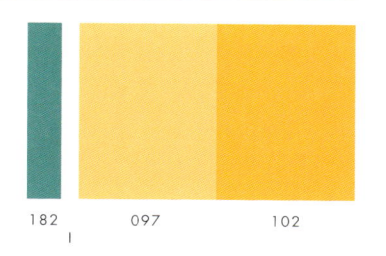

182　097　102

J 06

鮮やかな黄色をベースカラーに、アソートカラーに黄みの赤を使った配色。赤が黄みによっているとはいえ、中差色相の強いコントラストの配色である。アクセントカラーに無彩色の黒、グレー、白を使う大胆な対照トーンの配色。フランス映画「勝手にしやがれ」（邦題）の題名にふさわしいポスターの配色である。

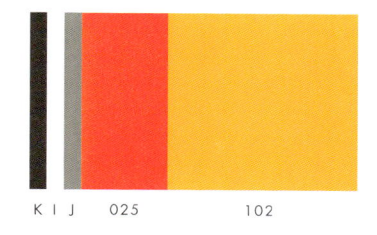

K I J　025　102

J 07

ディープトーンのオリーブをベースカラーにして、ドミナントカラーにストロングトーンの黄色を配した配色。オリーブと黄色は類似色相の配色である。このメインカラーに対して、黄色の対照色相であるライトトーンのシアンを使用。20世紀初頭のポール・ポワレのイブニングドレスの配色である。

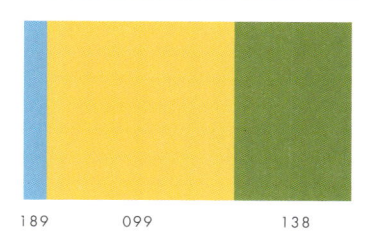

189　099　138

J 08

鮮やかな黄色をドミナントカラー、中明度のグレーをベースカラーにした配色。ローランサンの絵画作品でしばしば見ることのできる配色である。「光輝色」の黄色をグレーがほどよく中和して、上品な感じになる。黄色とグレーの組み合わせはパリジャンヌにとってシックな配色である。アクセントカラーは黄色の類似色相の黄緑。

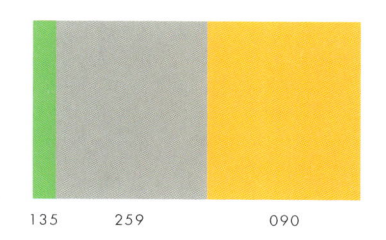

135　259　090

J09：郵便局、配達員、ポストなど、フランスでは郵便関連の配色には黄色と青が使用されている

Jaune : Yellow ｜ 黄色 ｜ 3

J09

黄色と青の対照色相配色を、シュブルールはよく調和する配色として位置づけている。黄色を「光輝色」、青を「陰影色」と定義して、「光輝色」のトーンを落とすか、「陰影色」を明るくするかしてバランスをとることが必要だという。街角で見かける郵便局の看板やポストの配色である。

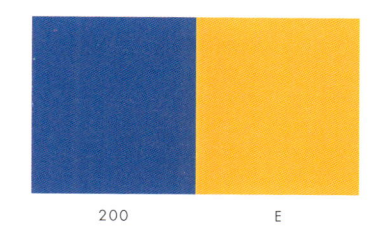

200　　　　　　　　E

J10

黄色と紫は補色色相配色である。ゲーテの「色相の合い求め合う」の代表的な配色である。J09で述べたように、黄色は「光輝色」であり、紫は「陰影色」なので、相互の色のトーンでバランスをとることが必要になる。サヴィニャックのポスター作品などに黄色のベースカラーに紫をドミナントカラーとしたものがある。

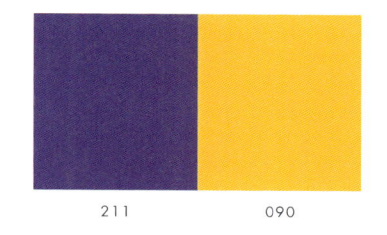

211　　　　　　　　090

J11

「黄色とオレンジとは調和的である。これに白を添えて白＋オレンジ＋黄色＋白のような組み合わせは、なかなか魅力的である」とシュブルールは述べている。黄色とオレンジは「類似色相の調和」に該当する。ただ白が多くなると対比が薄れて単調になるとも警告している。フランスのイラストやポスターなどに多く見られる配色である。

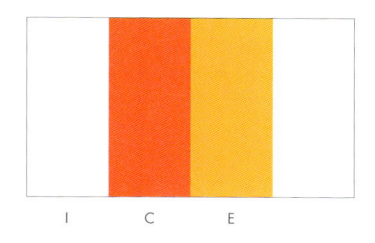

I　　C　　E

J12

黄色と緑は中差色相配色で、色相のコントラストは強いが、魅力的な配色になる。シュブルールは「黄色も緑も両方とも『光輝色』であるために、黒の効力が、この2色をうまく調和させてくれる」と記している。この配色もフランスのポスター作家たちがよく使用する配色である。

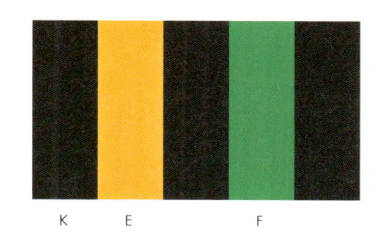

K　　E　　　　F

J13：《射手座》レイモン・ペイネ画／1985年

Jaune : Yellow | 黄色 | 4

J13

黄色は同系色の茶色や無彩色の黒・グレーと組み合わされることが多い。この配色はレイモン・ペイネの絵画「ペイネの恋人たち」の1場面の配色である。恋人たちを彩る小分量のソフトな茶色が基点になり、グレーの樹幹に繋がっていき、やがて同系統の明るい黄褐色の街となっている。グレーに囲まれた黄色い街が目立っている。

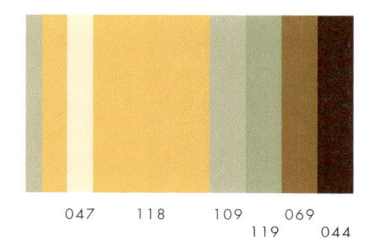

047 118 109 069 044
              119

J14

この配色はゴッホの「夜のカフェテラス」から引用した。ゴッホはオランダ人だが、このカフェは今もって往時そのままの姿でアルルに実在するから取り上げた。ナイト・ブルーの空の下に対照色相である黄色い外壁のカフェが描かれており、その黄色が電灯に照らされて床面が補色のオレンジにまで変化している。

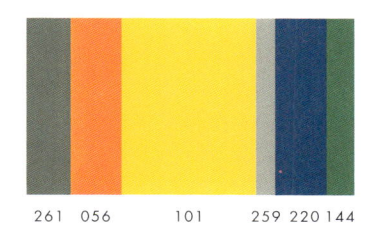

261 056 101 259 220 144

J15

中央の黒と黄色をドミナントカラーに使用し、そのアソートカラーに黄色の補色である紫を配し、さらにアクセントにローズを使った配色。画家、フェルナン・レジェの抽象絵画作品の配色である。画面右に位置する紫が、補色色相である黄色を引き立てており、紫とローズという類似色相が全体をエレガントな雰囲気にしている。

047   I   K   101   B   224

J16

黄色には、同系色相、類似色相の明度・彩度を落とした茶色がよく調和する。この配色は、現代ポスター作家のエルヴェ・モルヴァンの「Salador」（サラドール、一番自然な落花生油）に由来する。ベースカラーの茶色地に黄色のサラドール瓶が大きく描かれている。アソートカラーは白と黒、タイトルロゴの黄緑も新鮮である。

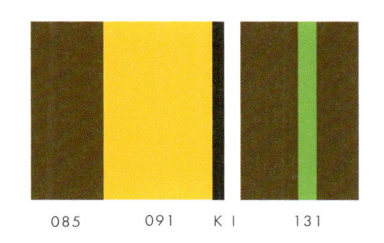

085   091   K I   131

J18：ポスター《異口同音に、ブルサンチーズ！》エルヴェ・モルヴァン画／1961年

Jaune : Yellow | 黄色 | 5

J17

黄色と青の対照色相の配色も明視性が高いためか、19世紀以来、ポスターによく使われている。特にエルヴェ・モルヴァンやレイモン・サヴィニャックなどの作品にはベースカラーを黄色、ドミナントカラーを青にしたポスターが数多くある。この配色は、サヴィニャックのポスター「家事に電力を」に由来する。

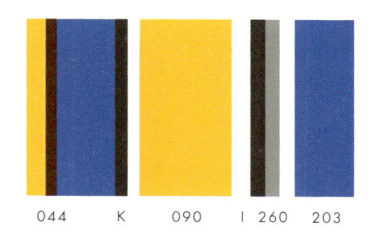

044　K　090　I　260　203

J18

この配色はモルヴァンの「ブルサンチーズ」の有名なポスターから抽出したものである。濃紺のベースカラーに画面いっぱいに黄色い牛が描かれており、その首輪にはオレンジのチーズ缶がつけられている。このユーモラスなポスターも、チーズを連想させる黄色い牛で、一層、見る人の印象に残るものになっている。

094　K　C A I　215

J19

この配色もモルヴァンの「異口同音に、ブルサンチーズ！」。J18で述べた「ブルサンチーズ」が濃紺地に、黄色い牛であるのに対して、その配色替えともいうべき赤のベースカラーで、黄色い牛と茶色の首輪はほとんど同じである。ただ赤地と紺地では、見る人の受け取り方が変わって面白い。

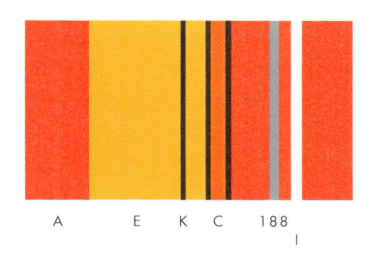

A　E　K　C　188
　　　　　　　I

J20

この配色もポスター作家のモルヴァンの代表作「LANVINチョコレート」の配色である。鮮やかな黄色をベースカラーとして、チョコレートのパッケージを咥えた狼が濃い茶色で描かれている。傍に赤頭巾の女の子が描かれており、黄色、茶色、赤の強烈なコントラストが強い誘目性をもって惹きつけている。対照色相の青がアクセントカラー。

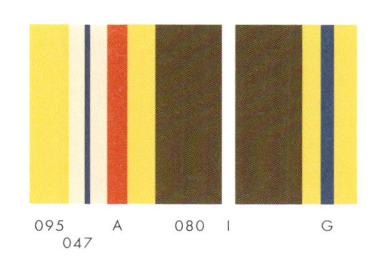

095　A　080　I　G
047

Jaune | 71

JV01：《星の王子さま》サン＝テグジュペリ画／1943年

Jaune-vert : Yellow-green ｜ 黄緑 ｜ 1

JV01

黄緑をドミナントカラーとし、アクセントカラーに黄みに寄った茶色を使った組み合わせ。黄緑と黄みの茶色は、共通項として黄色を含んでいるから、よく調和する。最近の新感覚のファッション・イラストを見ると、意外とこの配色が多い。サン＝テグジュペリの「星の王子さま」のスタイルである。

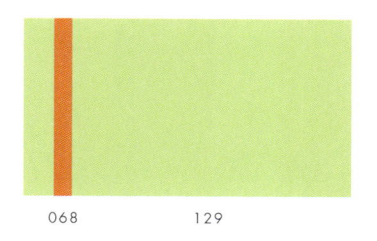

068　　　129

JV02

「フランスで、今、一番シックといわれている色は何？」と聞いたら、黄緑とローズの配色だという答えが返ってきた。従来、黄緑は目立つ色ではなかったが、最近、見直されてきている。最近の新しいファッション・イラストやインテリア、照明メーカーの路面店舗のカラーとして、この配色を見ることができる。

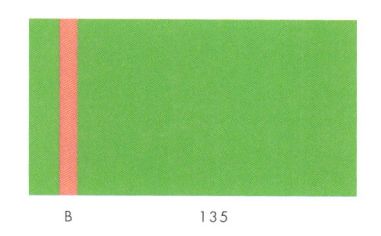

B　　　135

JV03

ビビッドトーンの黄緑と同一トーンのオレンジの組み合わせ。色相差では中差色相に当たり、2色とも高彩度だから、コントラストの強い配色である。この配色では、面積で相当差がついているから、適度な刺激を与えるファッションカラーの配色として、若い人に好まれている。

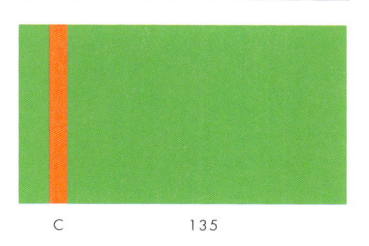

C　　　135

JV04

黄緑と紫は対照色相であり、コントラストの強い配色であるが、黄色と紫は補色の関係にあってよく調和するためか、黄緑と紫もよく調和する組み合わせである。特に黄緑の面積を大きく、紫をアクセントにすると、大変シックな配色になる。近年のパリ・コレクションでも、よく見かける新しい配色である。

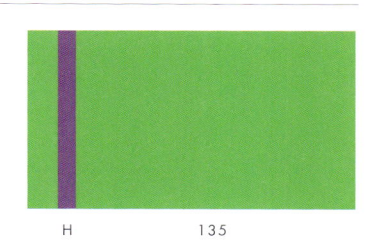

H　　　135

POMMES ...
TOMATE AU FOUR

OMELETTE
à la PROVENÇALE avec salade verte
Tomate, aubergine, poivron, courgette

12 €

SALADE DE SAISON à la NIÇOISE
À l'huile d'olive vierge
Thon, œuf dur, tomate, olives, anchois, câpres

14 €

ENTRECÔTE de BŒUF POÊLÉE
Pommes frites, tomate provençale

15 €

ORIGINE :

Jaune-vert : Yellow-green｜黄緑｜2

JV05

鮮やかな黄緑のトーン・オン・トーンに、アクセントカラーにローズを使った新鮮な配色。新しい感覚をもつ現代のイラストレーターたちがファッション・イラストなどに好んで使っている。黄緑の濃淡に、補色であるローズを添えることは、黄緑のもつ現代的な感覚を刺激して、両者をともに生かすのである。

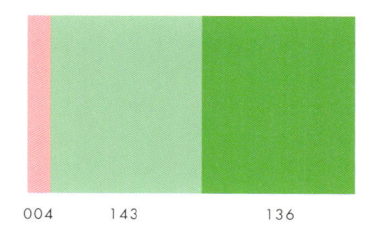

004　143　136

JV06

紫をベースカラーにして、ブライトな黄緑とライトトーンの黄緑がドミナントカラーとして機能している。紫と黄緑は補色に近い関係であり、お互いを刺激しあっている感じだが、その中間に黄色が添えられており、紫を頂点としたスプリット・コンプリメンタリーな関係を形成している。これも新感覚の配色。

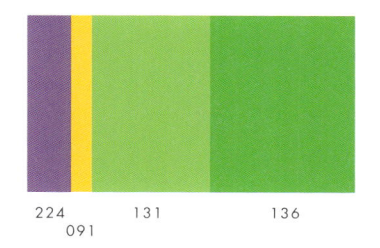

224　131　136
091

JV07

ディープトーンのオリーブに、同じ色相のソフトトーンの組み合わせ。オリーブのトーン・オン・トーンの配色である。オリーブの濃淡に対して、ミディアムグレイッシュのグレーをアクセントとして使っており、グレーがセパレートの役割を果たしている。アール・デコ期のイラストレーター、シャルル・マルタンの描くポール・ポワレの作品である。

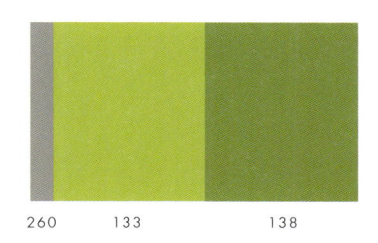

260　133　138

JV08

写真はプロヴァンスのレストランの洒落たメニューである。黄色、黄緑、赤の3段構成になっており、黄色はオムレツ、黄緑はサラダ、赤は牛のリブロースなど、色から連想できるものになっている。よく見るとそれぞれの色はトーン・オン・トーンで淡い色の部分があり、そこに値段が記されている凝りようである。

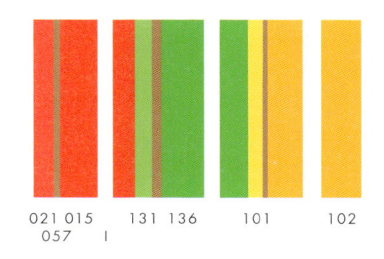

021 015　131 136　101　102
057

(上) JV11 (下) JV09:
フランスで出版されている子供向け絵本

Jaune-vert : Yellow-green｜黄緑｜3

JV 09

子供の絵本には黄緑を使った配色が多い。ブライトトーンの黄緑をベースカラーに、補色に当たるライトトーンの薄紫と赤紫をドミナントカラーとして配し、紫の補色の黄色をアクセントカラーに使っている。黒のラインがそれぞれの色をセパレートして強調している。トーンで変化させる「対照色相の調和」。

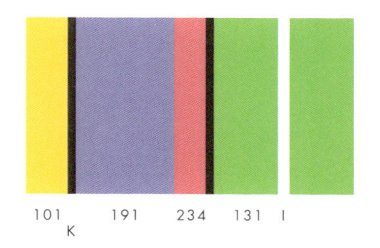

101 / K / 191 / 234 / 131 / I

JV 10

これも子供の絵本の表紙の配色。ブライトトーンの黄緑をベースカラーにして、主題の図柄には、ブライトトーンの赤と明るい黄色の色を添えている。黄緑との関係は、赤は対照色相、黄色は類似色相であり、3色の関係を明白にするために、黒で色をセパレートしている。子供の目を引く配色である。

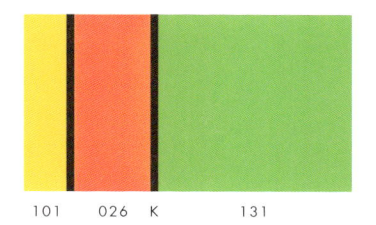

101 / 026 / K / 131

JV 11

ブライトトーンの黄緑をベースカラーとして使い、主題をベージュ地にディープトーンの茶色で描いている。アクセントカラーに明るいローズを効かせ、背景色と主題の関係を明瞭にするために黒を用いている。特にグランドの黄緑とローズは対照色相に当たるので効果的である。

B / 086 / K / 047 / 131

JV13：フィリップ・スタルクが手がけたレストラン「コング」のインテリアデザイン

Jaune-vert : Yellow-green ｜ 黄緑 ｜ 4

JV12

この配色はフランスの一般家庭のインテリア・デザインの色彩を参考にして構成した。ソフトトーンの黄緑を壁紙やカーテンなどの主要アイテムとして使用し、天井にはベージュを使っている。全体に穏やかな配色である。アクセントには補色どうしの薄紫と淡い黄色を配して、黄緑に対する対照効果をあげている。

097　222　107　132

JV13

フィリップ・スタルクのインテリア・デザイン。ビビッドな黄緑を壁紙に使用し、アソートカラーとして、ランプシェードや間仕切りにローズの濃淡を配している。黄緑とローズは対照色相であり、心地よい緊張関係にあるが、椅子にはメタリックな金色をセパレートカラーとして使用している。

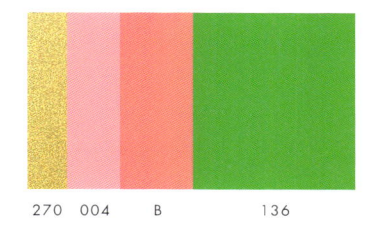

270　004　B　136

JV14

フランスでは明るい緑を室内装飾の色使いに用いる例が少なくない。その名残りでエンパイア・グリーン（Vert Empire）という色名もある。特に最近では、その緑を黄みによせて壁紙やカーテンに使っている例が多くなっている。この配色は黄緑の濃淡をドミナントとして、茶色、黄色などをアソートとして使っている。

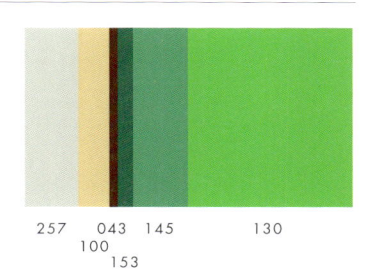

257　043　145　130
　　　100
　　　153

JV15

これも室内装飾のカラーコーディネートの1例。カーテンや絨毯などにディープトーンの黄緑を使い、壁面は白くして、黄緑との彩度コントラストを際立たせている。家具調度や椅子その他は、黄緑と類似色相である濃い茶色とそのグレイッシュトーンの茶色を合わせて無難にまとめている。

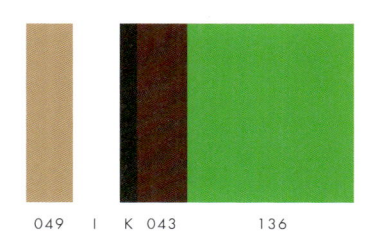

049　I　K 043　136

VT01：フランスでは薬局には、健康を表すイメージである緑が使用されている

Vert : Green ｜ 緑 ｜ 1

VT01

緑は夏の訪れを象徴する喜びの色であるとともに、最近では環境保護やエコロジー、健康を表す視覚言語になっている。その配色は明るい緑と白。コントラストトーン配色だから、遠くからでも目立つ。余談だがフランスでは、近年まで、わが国のような分別ゴミの指示はなく、すべて同じ緑のハコで処理していたようだ。

1　　　149

VT02

明るい緑とブライトトーンのマゼンタの組み合わせ。緑と赤紫は対照色相であり、色相差が大きくコントラストが強い配色だが、マゼンタの面積が小さいとアクセントカラーとしてバランスよく、いかにもフランスらしい小粋な配色になっている。パリジァンスの好む配色のひとつであり、2000年以降にも流行した。

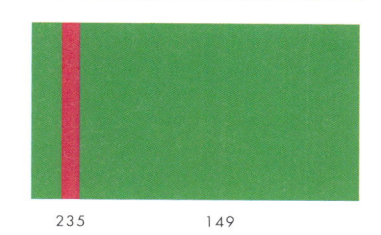

235　　　149

VT03

明るい緑と同一トーンのオレンジの配色である。色相差では対照色相配色になるので、緑はドミナントカラー、オレンジ色はアクセントカラーとしてバランスを保っている。オレンジの赤みが強くなれば、緑と赤の補色色相配色になるので、一層、魅力的な配色になる。

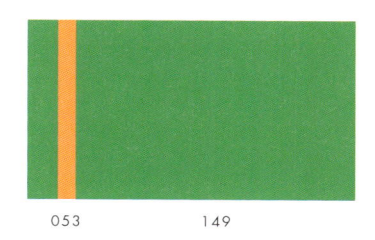

053　　　149

VT04

この配色は、ブライトトーンの緑と、同一トーンの紫の配色。中差色相配色である。シュブルールは「特に緑と紫の2色の明度が高いほど、緑と青の配色よりも好感度が高くなる」と述べているが、2色の面積差が大きいのも好感を与え、親しみやすい配色になっている。

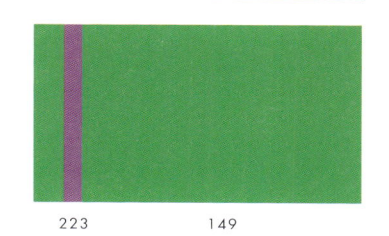

223　　　149

Vert ｜ 81

VT05:《緑の服の女》タマラ・ド・レンピッカ画／1930年／パリ、ポンピドゥーセンター蔵

VT05

ストロングトーンの緑にライトトーンの緑をドミナントカラーとして組み合わせている。「同一色相の調和」に当たるから、調和するのは自明の理であるが、この配色では緑とよく合う茶色をアクセントカラーにして、それに無彩色のライトグレーを添えている。タマラ・ド・レンピッカの「緑の服の女」のイメージである。

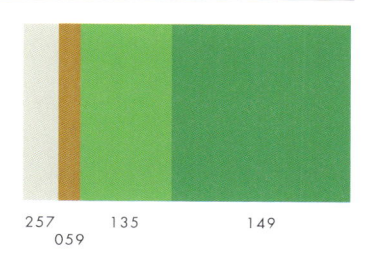

257　059　135　149

VT06

雑誌「ELLE」に掲載されていた現代のスポーツウエアの配色を抽出した。明るい黄みの緑に明るい黄色を合わせている。文字通り中差色相配色の同一トーン配色である。色差があり、コントラストは強いが、黄色の補色に当たる紫がアクセントになり、さらに黒が両者をセパレートしている。

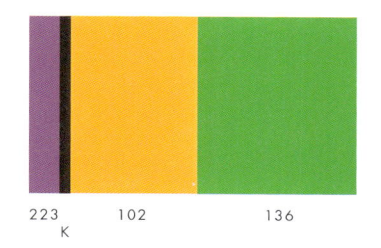

223　K　102　136

VT07

主調色のディープトーンの緑に対して、アソートカラーはライトトーンの茶色の配色。緑も茶色も自然連鎖の色だが、配色としては「対照色相の調和」に属する色であろう。この配色ではアクセントカラーに、茶色と類似色相の黄系の色をあしらい無難にまとめている。現代のカジュアルウエアによく見る配色である。

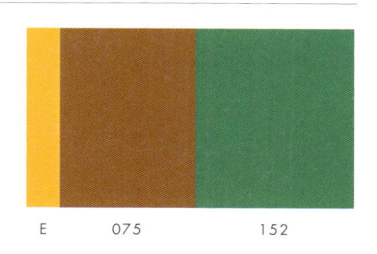

E　075　152

VT08

赤と緑の補色の配色は、フランスではすでに中世時代には出現しており、身分の低い者や道化師、子供たちの衣服に使われていた。19世紀のドラクロワの絵画「ダンテの小舟」では、色みは多少異なるが、この配色の着衣でダンテが描かれている。この配色は白と黒をアクセントカラーにしたスポーツウエアの配色。

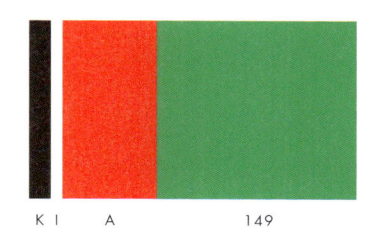

K　I　A　149

VT11:《収穫》エミール・ベルナール画／1889年／パリ、オルセー美術館蔵

VT09

緑と紫は中差色相のコントラストの強い配色のひとつである。シュブルールも、この組み合わせでは、2色の配色が最高で、これに白、黒、グレーを配しても、効果的でないといっている。この2色のポイントは、お互いの明度を高くすることだという。この配色は、現代のファッション・イラストから。

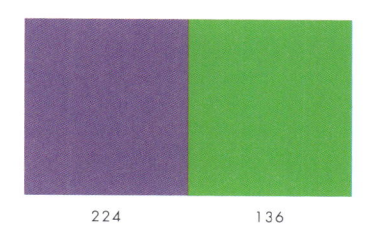

224　　　136

VT10

緑と青は「ありきたりで、平板な効果のようである」とシュブルールは述べるが、2色とも彩度をディープトーンに落とせば、深みのある調和になるともいっている。さらに、この2色を白でセパレートすれば、等価性が増して、よい配色になるという。サヴィニャックのポスター作品「イル・ジョルノ紙」にみる配色である。

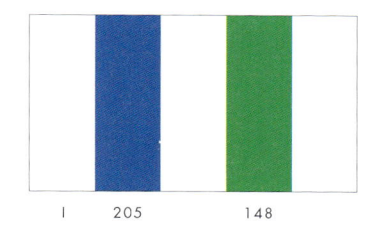

l　　205　　　148

VT11

黄色と緑の配色は互いに「光輝色」で、快適感が高い組み合わせである。それに白をセパレートに用いると、一層、快適感が高くなるとシュブルールは述べている。緑と黄色は、中差配色に当たり、比較的強いコントラストだから、白の代わりに2色と調和する茶色を用いてもよい。エミール・ベルナールの「収穫」を例にあげた。

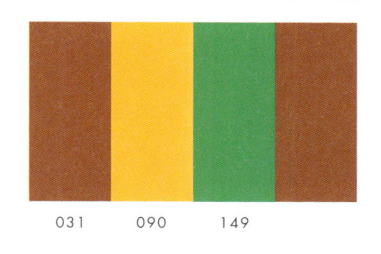

031　　090　　　149

VT12

シュブルールが推奨する配色例で、「アーティストたちに推奨したいのは、黒を調和色に添える場合には、特にオレンジとブライト・グリーンを選ぶと効果が高い」という。緑とオレンジの対照色相を対照トーンの黒で調和させる「対照色相の調和」の配色である。トゥールーズ=ロートレックの絵画作品には、この配色が使われている。

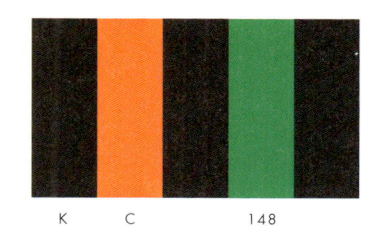

K　　C　　　148

VT13：ポスター《ジターヌ》レイモン・サヴィニャック画／1954年

Vert : Green　｜　緑　｜　4

VT13

緑と黄色は、中差コントラストを形成している。さらにその緑に明るい青を加えることにより、青＋緑＋黄色のトライアド配色になる。このトライアド配色に白と黒のトーン・コントラストを加味して、配色は完全なものになる。写真のサヴィニャックのポスターの配色である。

I　K　136　090　202

VT14

鮮やかな緑は、シュブルールによれば「光輝色」であり、黒を配色することにより、相互に引き立って魅力的な配色になる。しかも、この配色では背景の黒に対して主調色の緑が濃淡の2色で表現されており、同時に白まで加わって主題を強めている。サヴィニャックのポスター「羊毛の15日間」からの配色。

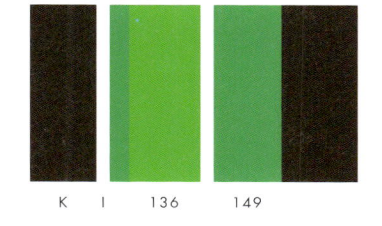

K　I　136　149

VT15

こちらもサヴィニャックのポスター「エクロール種子」からの配色。ベースカラーはベージュ。ドミナントカラーは鮮やかな緑。そのアソートカラーとして、主題色と中差色相になる黄色、さらにアクセントカラーとして、黄色の類似色であるオレンジ。これらを少量の黒が引き締めている。対照色相の調和に当たるだろう。

K　149　　C　E　107

VT16

ドミナントカラーのビビッドトーンの緑に同一トーンの黄色の組み合わせ。緑と黄色は中差色相配色なので、強いコントラストの配色である。アソートカラーは黒。このページの4配色に共通していることは緑に黒が配されていることである。アクセントカラーは緑の補色の高彩度の赤。現代のカジュアルウエアのひとつの典型である。

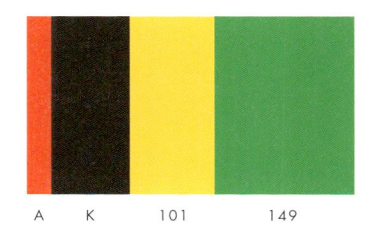

A　K　101　149

Vert　｜　87

VT19：《蜻蛉の精》ルネ・ラリック作／1897-1898年頃／リスボン、カールスト・グルベンキアン美術館蔵

Vert : Green ｜ 緑 ｜ 5

VT17

背景にディープトーンの黄色を配し、ドミナントカラーに同一トーンの緑を配した中差色相の配色。この配色はフランスの陶工、ベルナール・パリッシー作の陶器に由来する。楕円系の黄色い皿に緑の蛙や蜥蜴、緑の補色の濃い茶褐色でザリガニ、アクセントカラーとして、その刺激を中和するようにグレーの蛇が中央でとぐろを巻いている。

227　148　094　260

VT18

19世紀初頭にはナポレオン好みのエンパイア・グリーン、アダム・グリーンなどが室内装飾や陶磁器、工芸などに盛んに用いられた。この配色はセーヴル磁器の色使いから引用している。白磁の美しさを強調するように周囲は金彩を施し、全体をビビッドトーンの緑で彩り、中央を美しい雅宴画で彩っている。

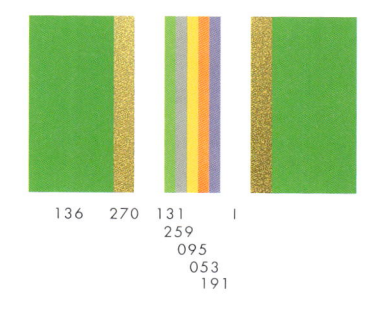

136　270　131　 I
　　　　　259
　　　　　095
　　　　　053
　　　　　191

VT19

ドミナントカラーの鮮やかな緑とベースカラーの金彩の組み合わせ。アソートカラーにライトトーンの緑とブライトトーンのシアンを配している。ガラス工芸家のルネ・ラリックがアール・ヌーヴォー期に作った「蜻蛉の精」の配色である。緑の顔と上半身を露にした蜻蛉の精が、金色の肢体とともに異様な雰囲気を醸し出している。

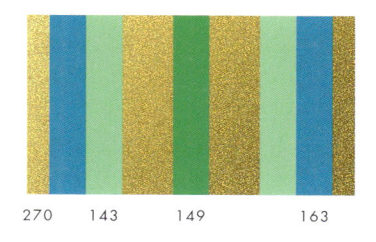

270　143　149　163

VT20

緑と金色はよく調和する配色だが、それに黒を組み合わせた配色である。ドミナントカラーの緑を金色のアソートカラーで補佐し、黒がアクセントカラーの役割を果たしている。特に黒は緑を一番引き立てる色である。この配色はアール・デコ期の工芸作家、ジャン・デュナンの黒漆を施した銅器に由来している。

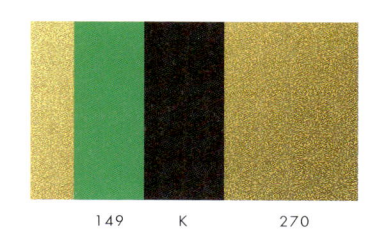

149　K　270

Vert ｜ 89

C02：映画《シェルブールの雨傘》ジャック・ドゥミ監督／1964年

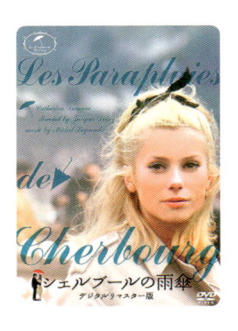

DVD「シェルブールの雨傘 デジタルリマスター版」
税込4,935円　販売元：Happinet

90 | Cyan

C01

シアン・ブルー（Bleu de Cyan）と白は明視性も高く、清潔感のある配色だから、フランス人に好まれる配色である。パリ市内を走る循環バスや地下鉄、トラムなど、生活の中に溶け込んでいる。コントラストトーン配色でありながら、青と白ほどコントラストが強くなく、中庸の強さをもった色だからかもしれない。

C02

フランス映画の名作のひとつに数えられる「シェルブールの雨傘」の1場面の配色。主役のカトリーヌ・ドヌーヴのスリムなドレスとヘアバンド、そして1本の傘の明るいシアンが、壁面の濃いローズとの対比によって、一層、物語の哀歓を盛り上げている。シアンとローズは対照色相であり、もともとコントラストの強い配色であるが、周囲の黒によってさらに強調されている。

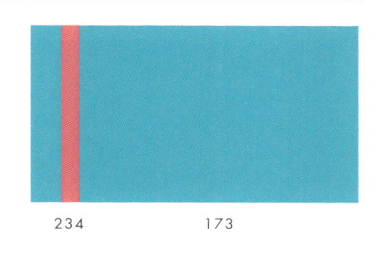

C03

シアンとオレンジも明視性が高い配色である。最近のファッション・イラストでもトップスがオレンジ、ボトムがシアンなどの例を見ることがある。パリの警官が乗るオートバイも、シアンの車体に、オレンジのラインが入っている。上記の色と同様に、この2色は対照色相配色であり、色差があるから目立つのである。

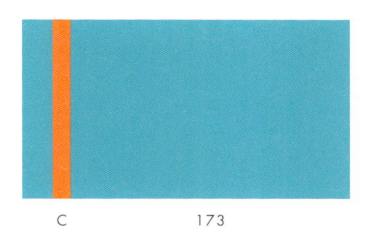

C04

上記はシアンと明るい色との組み合わせであったが、今度はシアンと黒との配色。この配色は最近のパリ・コレクションの作品や新感覚のファッション・イラストでよく見かける配色である。当然、彩度差のあるコントラストトーン配色だから強い印象を与えるけれども、それがまた新鮮に映るのかもしれない。

C08：ポスター《オンフルールのサヴィニャック展》レイモン・サヴィニャック画／1988年

C05

ライトトーンのシアンをドミナントカラーに、同じライトトーンのローズの組み合わせである。ローズとシアンは対照色相であるがトーンを合わせているので、よく調和している。ただ同じトーンの曖昧さを無彩色のグレーでセパレートして目立たせている。ファッション画家、ジュルジュ・ルパープが描くポワレの作品より。

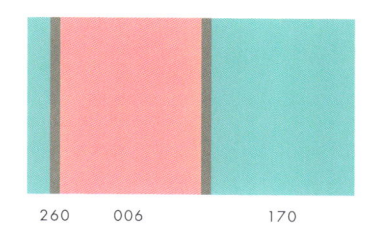

260　006　　　　　170

C06

ドミナントにシアン濃淡のグラデーション。アソートに対照色相の黄色、アクセントにシアンの補色のオレンジを使い、黄色とオレンジの色相グラデーションになっている。ドミナントとアソートの2重のコントラストを強調しているが、全体にライトトーンでまとめているので、柔らかい印象である。ワインの商標をもとにした配色。

056　097　　　189　183

C07

トップスにディープトーンのシアンをドミナントカラーとして使い、ボトムにアソートカラーとして明るいグレーを配した最近のファッション・イラストの配色。ベルトやシューズのアクセントカラーには、グレーと調和し主要色であるシアンの類似色相の明るい紫を使って、全体をお洒落にまとめている。

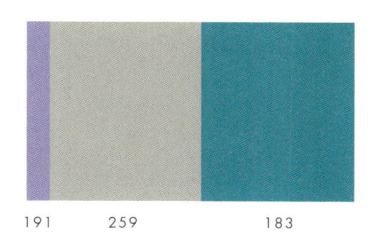

191　259　　　　　183

C08

この配色はサヴィニャックの「オンフルールのサヴィニャック展」のポスターに由来する。ベースカラーにブライトトーンのシアン。ドミナントカラーには低明度のグレーの甲冑を着たサヴィニャック。アソートカラーに黄色と、中差色相のオレンジを使って、グランドのシアンとの見事な対照色相配色を完成させている。

102　261　054　1K　　163

C09：セーヴル焼のカップ&ソーサー／1769-1770年／セーヴル、セーヴル陶芸都市蔵
©RMN (Sèvres, Cité de la céramique) / Martine Beck-Coppola / distributed by DNPartcom

C09

セーヴル磁器は18世紀にはポンパドゥール・ピンクとロイヤル・ブルーが特徴であったが、次第にアンピール様式の影響を受け、シアンとグリーンが、その代表色となってくる。この配色もそのひとつで、明るいシアンをベースカラーとして、金色を添わせ、白磁の上にはローズ、黄緑、オフホワイトなどの色使いで古典的モチーフを描いている。

173　270　147　143
　　　　 I 　　B

C10

この配色も19世紀セーヴル磁器。ベースカラーに明るいシアン色と金色。アソートカラーに対照色相であるローズを使って、強いコントラストの中でも美しい調和を生み出している。アクセントカラーにはシアンの濃淡、ローズの対照である緑や黄色を使い、「対照色相の調和」を生み出している。

183　270　I　194　091
　　　　　 A
　　　　　223
　　　　　149

C11

この配色も19世紀初頭のセーヴル焼の大皿から引用した。シアンで縁取られた大皿の中央には明るい雅宴画が描かれている。草花と戯れる黄色い羽根や赤紫色をした鳥たちである。白とシアン、それに金色とが明確なコントラストを形成し、さまざまな色で描かれた風景を美しく彩っている。

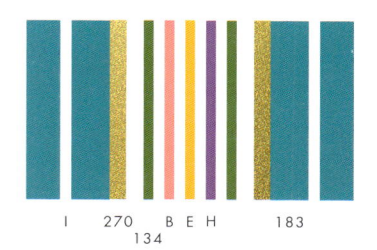

I　270　B　E　H　183
　　134

C12:ステンドグラス《ダマスカスへ向かう使徒パウロ》1250年／サンス、サン・エティエンヌ大聖堂蔵

Cyan : Cyan | シアン | 4

C12

この写真はフランス・ブルゴーニュ地方、サンスの「サン・エティエンヌ大聖堂」にある聖パウロを描いたステンドグラスである。外縁の明るいシアンに対して、内枠は同系色の濃いシアンに変化していく。画面を区切る黒線がセパレート・ラインを形成して、内枠の赤やベージュを一層、引き立たせている。

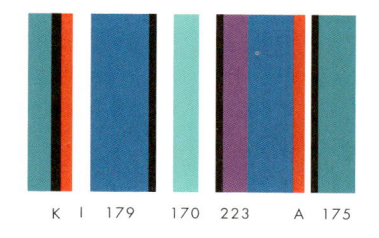

K I 179 170 223 A 175

C13

今度はポスター作家サヴィニャックの作品「ウルトラカラーペンキのための原画」の配色。白をベースカラーにして、右半身は白、左半身は彩色された人物が描かれている。色は緑とシアンを中心にオレンジ、ローズ、紫が2グループに分かれ、色相グラデーションになっている。白とシアンを基調とした対照トーン配色である。

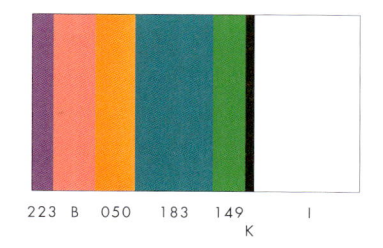

223 B 050 183 149 I
K

C14

こちらもサヴィニャックのポスターから。白をベースカラーにして、赤みのオレンジの鶏冠をつけた鶏が、主調色のシアンの服を着て、フェンシングをしている。嘴もフェンシングの刀もオレンジと類似色相の黄色である。シアンを基点としてオレンジ～黄色のスプリット・コンプメンタリー配色で構成されている。

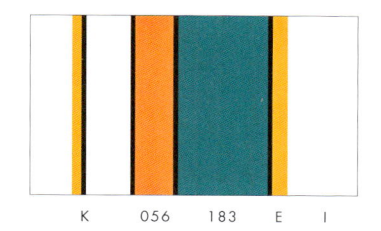

K 056 183 E I

C15

配色の妙に長けるサヴィニャックの作品からもう1つ。明るい黄色を背景のベースカラーにして、その上でローズの牛とシアンの服を着た男がダンスをしている。黄色とローズは中差色相であり、黄色とシアンも中差色相だから、この明るい3色が黒で仕切られ、トライアドの心地よい緊張関係を保っている。

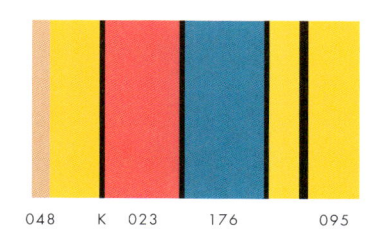

048 K 023 176 095

BL01：ポスター《青い天使》ジャン・コクトー画／1958年

Bleu : Blue | 青 | 1

BL01

この配色はフランスの詩人、評論家、映画監督のジャン・コクトーの版画に想を得ている。題名は「青い天使」。白と澄み通ったクリアな青をベースカラーとして、天空でもの思いにふける白い女性の天使が、軽やかなタッチの黒い輪郭線で描かれている。白、黒、青が見事なコントラストを醸し出している。

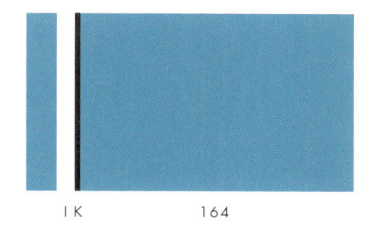

l K　　　　　　　164

BL02

青と赤の配色は、色相差があり、代表的なコントラスト配色である。黒と赤の組み合わせ以上に魅力的な配色になる。特にフランス人が好きな配色で、映画「グラン・ブルー」で、青い青い海の中を赤（＋白＋緑）のウェットスーツを着たダイバーが潜っていく場面は印象的であった。

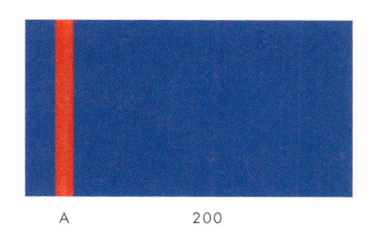

A　　　　　　　200

BL03

青とオレンジの配色は補色色相配色になる。「色彩の合い呼び求め合う」組み合わせで、西洋ではもっとも用いられた配色のひとつである。色相環で180度違うから、強いコントラストになる。代表的な作品にサヴィニャックのポスター作品「DOP」がある。そこでは青地にオレンジの象が遊んでいる。

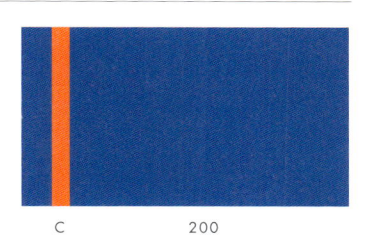

C　　　　　　　200

BL04

青と黄色は対照色相配色である。色相環で120度離れた色であり、色相コントラストが強いので、パンチの効いた配色になる。モルヴァンやサヴィニャックを始めとするポスター作家たちは、黄色を地色に青、逆に青を地色に黄色などの配色をよく使用している。

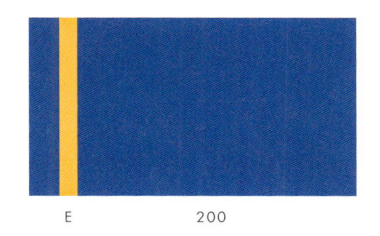

E　　　　　　　200

BL08：フランス北西部の港湾都市、ル・アーヴルの海岸のカイト・サーファー

BL05

シュブルールは、もっとも美しい配色のひとつとして、鮮やかな青と白の組み合わせをあげている。青のもつ透明感やクリアな感じが、純粋な白ともっともマッチするからであろう。特に青と白はフランス王家の紋章の色（青と金色の場合もある）でもある。またフランス人が憧れた東洋の染付けの色でもある。

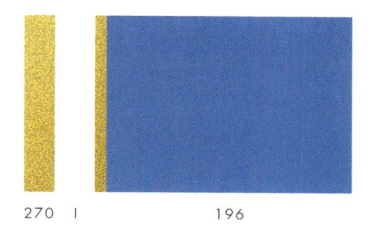

270　I　196

BL06

この配色は主調色の青の濃淡に白、冷たい感じの黄緑などの寒色系を組み合わせた珍しい例である。青と白はもっとも調和する色ではあるが、中差色相の黄緑を添わせるのはなかなか難しいが、白が融和剤の役割を果たしている。著名なスポーツ用品メーカーの「le coq」のシューズの色である。

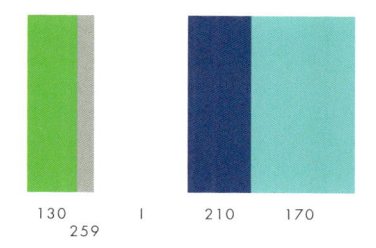

130　I　210　170
259

BL07

青にローズはよく調和する。これはアルザス地方のレストランのサーモン・ピンクの外壁と青の門扉の組み合わせをアイデアソースにしたものである。店舗の外観だから明視性が高く、楽しげな感覚がなければいけないが、この配色は充分に顧客を満足させるものとなっている。白とローズの花がアクセントとして効いている。

FIB　047　173　005

BL08

マリン・スポーツに青はつきものだが、この写真は陸に上るカイト・サーファー（Kitesurfer）を写したものである。青とローズ、白に黒と色面分割された凧（Kite）を手にしている。青とローズは対照色相であり、コントラストが強いから明視性が高いが、白によって一層、明視性の高い配色になっている。

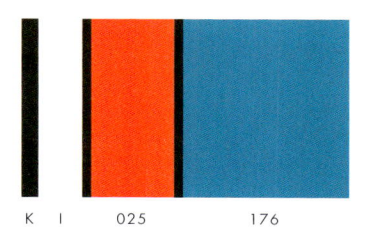

K　I　025　176

BL09：フランス西海岸、ゲランド地方のサマー・フェスティバルの旗

BL09

青とオレンジの2色配色はもっともポピュラーな配色である。青とオレンジは補色関係にあり、ゲーテの「色彩の合い呼び求め合う」組み合わせである。シュブルールも、この2色の配色がもっとも美しく、それに白を添えても構わないといっている。写真はブルターニュのゲランド地方の祭の旗である。

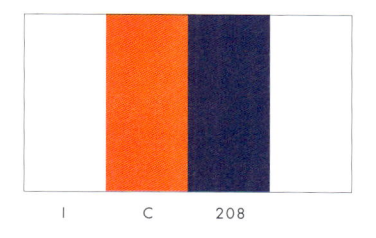

I　　　　C　　　　208

BL10

シュブルールは「黄色と青の配色は、黄色と緑の配色よりも快適感が高い」と述べている。黄色と緑が中差色相であるのに対し、黄色と青は対照色相であり、コントラストが一層明確になるからだろう。それに白を添える配色は、コントラストを一層、明確にして好ましいという。

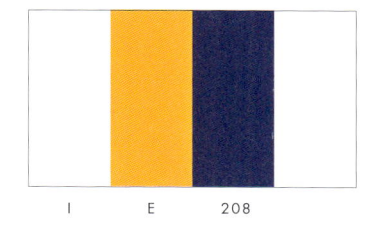

I　　　　E　　　　208

BL11

青と紫の配色は類似色相ではあるがオレンジと黄のような類似色相ほど調和するとは思われない。シュブルールもそのことに触れて「グレーでセパレートすることによって、『類似の調和』を生み出すことができる」といっている。マリー・ローランサンの絵画では、グレーを背景にこの2色に他の色（ローズなど）を加えた色使いを見ることができる。

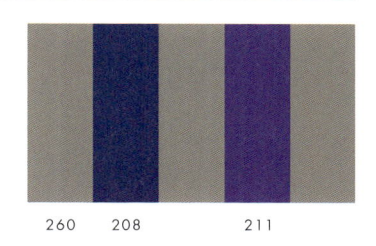

260　　208　　　　211

BL12

上記の青と紫に黒を添えた配色である。シュブルールは上記と矛盾したことをいっている。「青と紫はそれ自体、あまり協応せず、黒で2色を分離してみたところで、陰影色のくすみを解消できない」という。だが彼は見方を変えて、この2色の「陰影色」が黒によって「類似の調和」を微妙に生み出していると認めている。

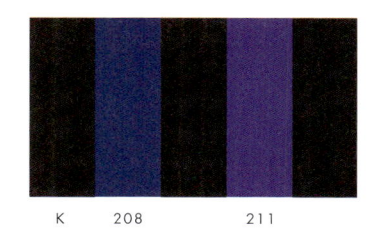

K　　　208　　　　211

BL13：《ポンパドゥール侯爵夫人》フランソワ・ブーシェ画／1756年／ミュンヘン、アルテ・ピナコテーク蔵

Bleu : Blue ｜ 青 ｜ 4

BL13

このページではフランスのファッションに現れた青の事例をいくつか紹介しよう。最初は18世紀の雅宴画家、フランソワ・ブーシェが描く「ポンパドゥール侯爵夫人」（別に濃緑の絵もある）。ディープトーンの青色のドレスに明るいローズの花の胸飾りをつけている。対照色相でありながら、周囲の白い花が中和の役割を果たしている。

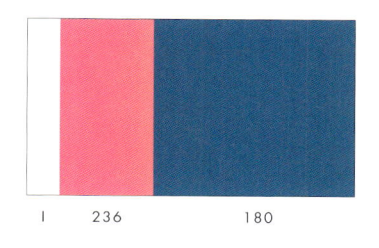

I　　236　　　　180

BL14

「色の魔術師」といわれたファッション・デザイナーのイヴ・サンローランの60年代のアンサンブルから。ブライトトーンの青いジャケットをドミナントカラーとして使い、アソートカラーには黒のスカート。対照トーン配色であるが、ソックスに青の中差色相の明るい緑の濃淡を配して、バランスを保っている。

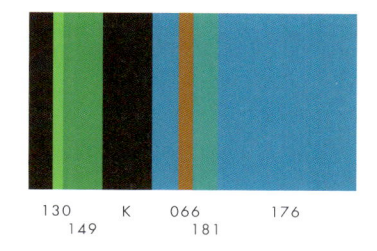

130　　　K　　066　　176
149　　　　　181

BL15

この配色もイヴ・サンローランのアンサンブルに由来する。明るい青のロングコートを主調色に、アソートカラーにはブライトトーンのローズのジャケット。コート裏はそのローズの淡い色。つまり青＋ローズ濃淡の組み合わせである。アクセントに青の類似色相の紫。パンツのグレーが、その4色の対比関係を中和している。

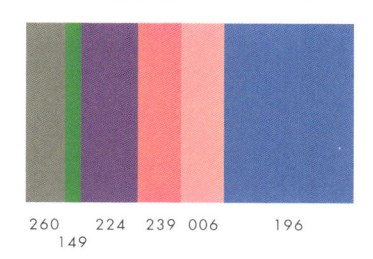

260　　224　239 006　　　196
149

BL16

最後に現代のデザイナー、ジャン＝ポール・ゴルチエの作品。濃紺のジャケットに対して、白のハンカチーフヘムの白いスカート。この対比色に対して、アクセントカラーに鮮やかなオレンジを配している。濃紺とオレンジは補色関係にあり、対比の強さを白のスカートと黒のシューズとが、見事にセパレートしている。

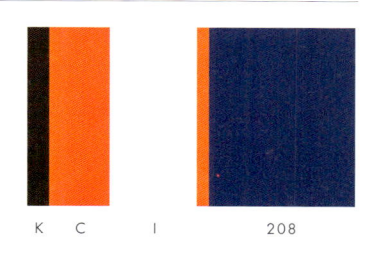

K　C　　I　　　208

Bleu ｜ 105

BL19：南フランスの村ビオにあるフェルナン・レジェ美術館

BL17

20世紀の代表的な抽象画家、フェルナン・レジェの配色を見てみよう。ソフトトーンのくすんだ青をベースカラーとして、その上に黒で非定型の形を描き、アクセントカラーとして、やはりくすんだ赤を添えている。コントラストは強い筈なのに、なぜか落ち着いた雰囲気がある。

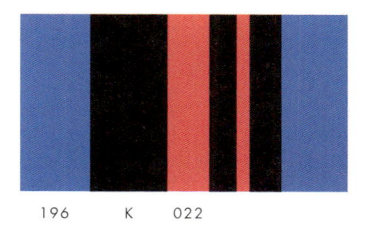

196　　　K　　　022

BL18

この配色はビビッドトーンの青をドミナントカラーとし、同一トーンの黄色、緑、赤を組み合わせた配色である。つまり青を基点にした同一トーンのテトラッドの配色である。赤と緑、黄色と青という補色、反対色どうしを組み合わせ、微妙なバランスを保っている。レジェのポスター作品「カラーベルト」を参考にした配色である。

235　130　K　E　163

BL19

同じフェルナン・レジェの青をドミナントカラーにした抽象作品。写真に見るとおり、レジェ美術館のファサードである。ここでは黒で縁取られた青の濃淡を中心に、赤、緑、黄色、オレンジなどの原色が周囲に展開している。多色の煩雑さを黒のラインと白のスペースが、秩序立てている。

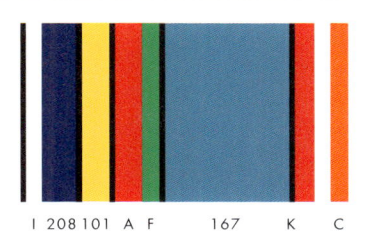

I 208 101 A F　　167　　K　C

BL20

この配色は「色彩キュービズム」の画家といわれるソニア・ドローネの作品。夫ロベールとともに、シュブルールに傾倒し、補色どうしを組み合わせた数多くの作品を創作した。多くの作品が青と黄色やオレンジ、赤と緑や黄緑、白と黒、グレーなどを対比的に並べ、円形、四角などとして描いた。

I G K F A E

VL04：《ヴィクトワール／勝利の女神》ルネ・ラリック作／1928年　協力：木屋ギャラリー

Violet : Purple｜紫｜1

VL01

古くから「帝王紫」として崇められてきた紫が、身近な色になったのは近世以後のことである。ルパープやイリブら、20世紀初頭のファッション画家たちが描くイラストなどにしばしば登場する。彼らが描くポール・ポワレのドレスには、この配色の作品がある。「もっとも美しい配色」のひとつとしてフランス人が大切にしてきた組み合わせである。

| 224

VL02

ブライトトーンの紫と明るいローズの組み合わせは、紫が赤みに寄っていれば類似色相で比較的に穏健な調和色であり、青みに寄っていれば色相対比の明確な中差色相になり、かなり明確なコントラストの組み合わせになる。これも上記と同様に、近世以後のファッションに見る新しい配色である。

B 224

VL03

紫と黄緑の組み合わせは、ラベンダー畑に見る自然の諧調で、フランス人にとって見慣れた親しい配色である。だがデザインとしての紫と黄緑の配色は、ローズと黄緑、マゼンタ（赤紫）と黄緑と同様に、新感覚のファッション・イラストなどに見られる非常に現代的な配色である。

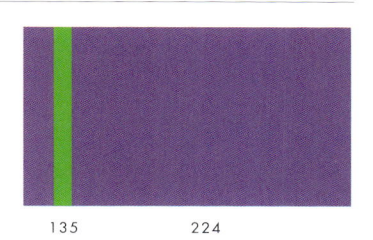

135 224

VL04

この写真はガラス工芸家のルネ・ラリックの「ヴィクトワール」である。金色と黒の台座の上で、何かに驚いているような女性の紫の横顔と長い髪とが神秘的な美しさに輝いている。紫と黄金色は補色関係にあり、色相的に強いコントラストにあるから、台座上の紫が引き立っている。

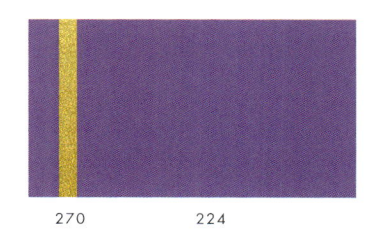

270 224

VL08：アール・デコ期のファッション誌より《移り気な鳥》ジョルジュ・バルビエ画／1914年

Violet : Purple | 紫 | 2

VL05

19世紀末から20世紀にかけて紫はファッション界の流行色になった。世紀末の倦怠やベル・エポックの頽廃を伝える色として愛好されたのであろう。鮮やかな紫をドミナントカラーにして、ベースカラーやアソートカラーに高明度で低彩度の紫を合わせるトーン・オン・トーン配色は、もっともポピュラーな配色であった。アクセントはローズで効かせる。

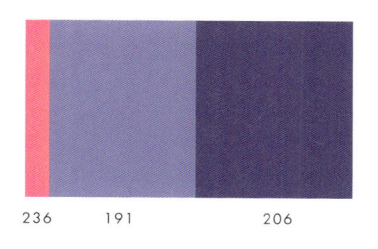

236 191 206

VL06

紫にグレー濃淡を合わせる配色もアール・ヌーヴォー期やベル・エポック期のファッションに見られる配色である。またマリー・ローランサンの描く絵には、紫の背景色として、いく段階ものグレー濃淡が使われており、パリジャンヌが好みそうなシックな雰囲気を醸し出している。

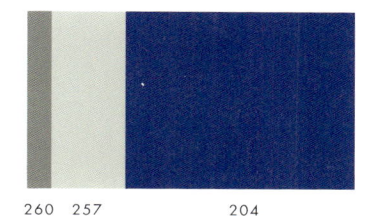

260 257 204

VL07

フランスの配色には、紫と茶色の組み合わせが意外と多い。紫とグレーが調和することは自明の理だが、同じ地味色で、茶色も同じ赤みを含んでいるせいか、紫とよく調和するのである。この配色はアール・デコ期のイラストに由来するが、アクセントに茶色の中差色相である黄緑を使っていることもお洒落である。

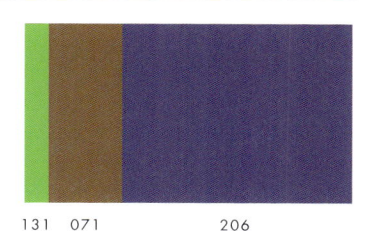

131 071 206

VL08

この配色はフランスのアール・デコ期のイラストレーター、ジョルジュ・バルビエの作品に由来する。濃い青紫のグランドに赤紫濃淡の花柄や葉と淡い茶色濃淡の花柄を配したプリントドレスである。紫の反対色の赤茶色の幹がアクセントカラーの役割を果たし、赤紫の花柄と呼応している。

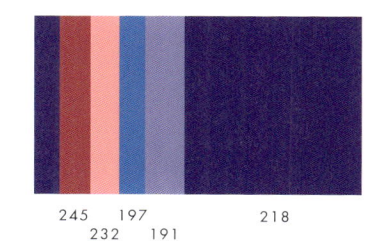

245 197   218
　　232 191

Violet | 111

VL09： ピエール・カルダン回顧展で発表されたカルダンの60年代ファッション
©Unimedia International / Rex Features　Pierre Cardin Museum, Paris, France – 02 Jan 2008 Pierre Cardin collection

VL09

紫と黄色の補色どうしの組み合わせ。西洋の色彩調和論では、補色どうしの配色を優先すべきであると述べてきたから、シュブルールも紫と黄色は2色配色の方が白や黒を添えるより数段調和するという。左の写真は、ピエール・カルダン回顧展で発表されたカルダンの60年代のファッションである。

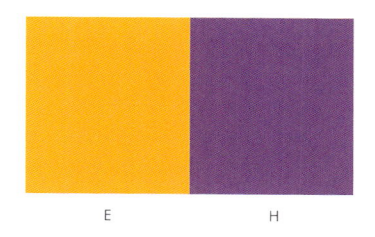

VL10

シュブルールは「紫と緑の配色は、青と緑の組み合わせと同様に、調和的だ」と述べているが、それに白を添えることにより、一層、協調的になるという。紫と緑は色相的には90度離れた中差色相であり、コントラストが強いから、白がその間の緊張関係を解してくれるのであろう。

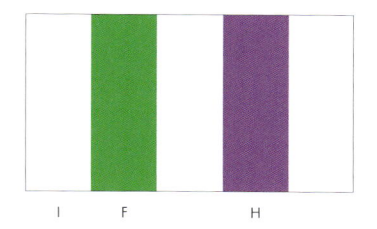

VL11

白を背景にした純色の紫と青の配色である。紫と青は類似色相ではあるが、2色とも「陰影色」で、比較的明度の低い色だから、調和的であるとはいいがたい。ただ、白を背景色にすることによって、2色の間に対比性が生じ、コントラストの強い印象をもたらすことができる。

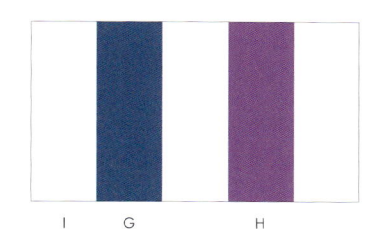

VL12

紫とオレンジも補色に近い対照色相であり、コントラストが強いから、充分に調和的である。ただシュブルールは、グレーを添えることによって、オレンジと紫の関係が中和されると述べている。ローランサンの絵を見るとグレーを背景色にして、紫やオレンジ、黄色などで彩色されている。

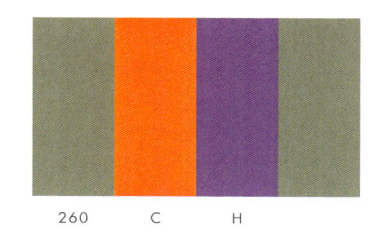

VL16：プロヴァンス地方の民家の門扉と外壁

Violet : Purple │ 紫 │ 4

VL13

紫と黄色の補色色相を中心とした配色例。この配色はアール・デコ期のファッション・イラストに由来する。背景色に明るい黄緑。ドミナントカラーはベージュで、そのアソートカラーとして紫を使い、アクセントカラーに黄色が用いられている。黄色のインパクトによって、一層、紫が冴えている。

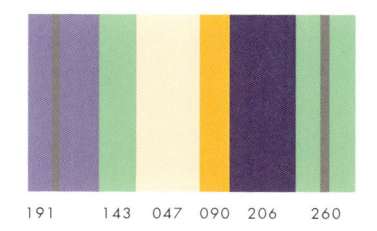

191　143　047　090　206　260

VL14

紫と黄緑の配色も、新感覚の配色のひとつと思われる。現代の最新のファッション・イラストのカラーコーディネートをもとにした配色で、ベースカラーにやや赤みの紫を配置し、ドミナントカラーとして明るい黄緑を使っている。ほとんど補色に近い対照色相配色であり、その強いコントラストを無彩色が中和している。

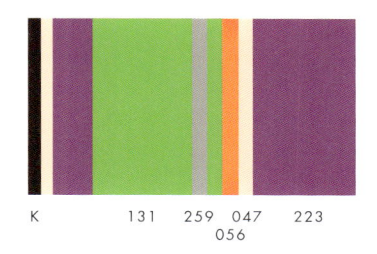

K　　131　259　047　223
　　　　　　　056

VL15

こちらは2010年のフランスのスポーツメーカーのメンズ・ファッションの配色。ディープトーンの紫とビビッドトーンの赤のトップスとボトムの組み合わせは、強烈で、スピード感のある配色になっている。アクセントカラーに紫の補色の黄色と黒を配した「対照色相の調和」である。

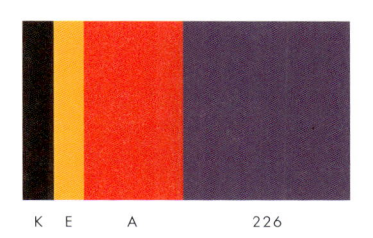

K　E　A　　　226

VL16

写真はプロヴァンス地方の民家の紫の門扉と黄みのオレンジの外壁の色である。紫とオレンジは対照色相の関係にあり、好まれる配色のひとつであるが、このような普通の民家にさりげなく使われていることに驚かされる。しかも白い塗装がコントラストの強い2色のセパレートカラーとして有効に機能している。

153　　050　I　191
244

Violet │ 115

VL20：《3人の馬に乗った女性たち》マリー・ローランサン画／1931年／個人蔵

Violet : Purple | 紫 | 5

VL17

紫とグレーの組み合わせはパリジャンヌのもっとも好きな配色のひとつである。ディープトーンの紫に中明度の濃淡のグレーを配し、さらに白を加味し、明度グラデーションになっている。このドミナントカラーに紫の中差色相である水色をアクセントに使って明るさを添えている。アール・デコ期のファッション・プレートに由来する。

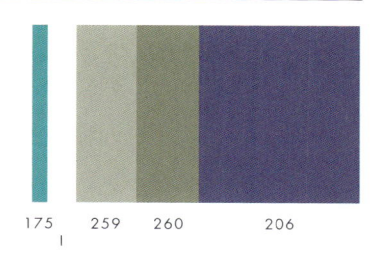

175 | 259 | 260 | 206

VL18

これもアール・デコ期のファッションプレートの配色。ドミナントカラーは赤みの紫のジャケット。アソートカラーには濃いグレーと白のブラウス。スカートは白地に緑の葉柄と黄色とオレンジの小花柄のプリント。ドミナントカラーに対して補色の黄色と、その類似色相のオレンジをアクセントに使った「対照色相の調和」である。

056 134 I 261 224
099

VL19

ドミナントカラーにブライトトーンの紫。ライトトーンの紫を少量添えている。アソートカラーは同一色相のダークトーンの紫。この紫濃淡に対して無彩色の白とグレーを配し、アクセントカラーには紫の類似色相であるローズを使っている。紫の類似色相でまとめ、トーンで変化を出す連続色相の調和である。

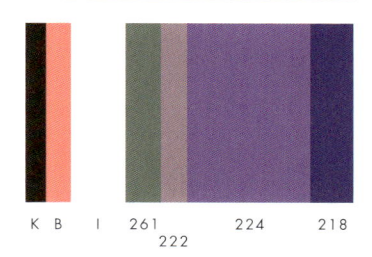

K B I 261 224 218
    222

VL20

ローランサンの「3人の馬に乗った女性たち」の色使い。ディープトーンの紫の衣服を着た女性を中心に、左右にローズ濃淡の衣服の女性たちを配している。紫とローズは類似色相なのでよく調和しており、周囲の白馬と栗毛の馬の色が、紫とローズを引き立たせている。

236 079 206 004 I 144 262
106

Violet | 117

M01：フランスのランド地方、アルカション湾に浮かぶヨット

Magenta : Magenta｜マゼンタ｜1

M01

2000年以降、ファッションを始めあらゆる分野で、赤紫は出現頻度の高くなった色である。この配色はブライトトーンの明るい赤紫に、白を合わせている。赤紫のもつクラシックな感覚に、白のモダンさが加わって、新鮮な配色になっている。写真はフランスのランド地方、アルカション湾に浮かぶヨット。

1　　　　　　　235

M02

ブライトトーンの赤紫にビビッドなオレンジの組み合わせである。赤紫とオレンジは中差色相の関係であり、2色とも赤みを含んでいて、それほど調和的な配色ではない。だがこの配色では赤紫の面積を大きくして、オレンジを小さくしたため、ほどよいバランスになっている。現代のファッション・イラストから引用した配色。

054　　　　235

M03

ブライトトーンの赤紫をメインカラーにして、ディープトーンの紫をアクセントに使った配色。赤紫と紫は類似色相であり、この2色にはトーン差がついているので、シュブルールによる典型的な「類似色相の調和」である。1990年代に、70年代リバイバルでパリ・コレクションで流行したカラーコーディネート。

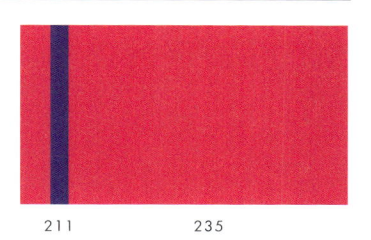

211　　　　235

M04

赤紫のもつ一種独特の濃厚な感覚を中和させるには、無彩色のうち、グレーがもっともふさわしいかもしれない。白では際立ちすぎるし、黒では重苦しくなる。もちろん、明るい赤紫と中明度のグレーの関係は、彩度コントラストで対比的であるが、穏やかなグレーに引きずられて、その対比が弱まっている。

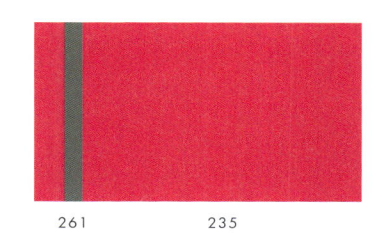

261　　　　235

M06：フランスの自動車メーカー、ルノー社の1960年代の広告ポスター

Magenta : Magenta | マゼンタ | 2

M05

赤紫のトーン・オン・トーンを主調色としたアール・デコ期のファッション・イラストの配色。ベースカラーにディープトーンの赤紫を配置し、ドミナントカラーにはソフトトーンの明るい赤紫で統一してある。アクセントカラーには対照色相の茶色を使っているのでよく調和する。

057　　232　　　　　225

M06

赤紫とからし色の対照色相配色で、意外とよく調和している。対照色相でありながら、からし色の渋めの色調が、2色の違和感を押さえているのであろう。アクセントカラーには無難な黒とグレーの無彩色。この無彩色が、色相差の大きな2色を中和している。写真はルノーのポスター。

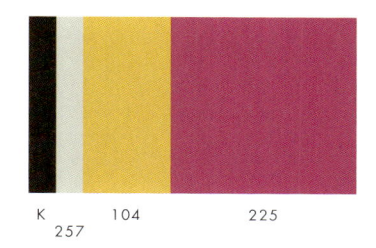

K　　104　　　　　225
257

M07

赤紫と黄緑の組み合わせは、最近、よく見受けられる配色である。この配色は新感覚のファッション・イラストに由来する色使いで、トップスにディープトーンの赤紫、ボトムに明るい黄緑のコーディネート。赤紫と黄緑とはコントラストの強い配色なので、アクセントカラーに黄緑の類似色相の黄色を使い、中和している。

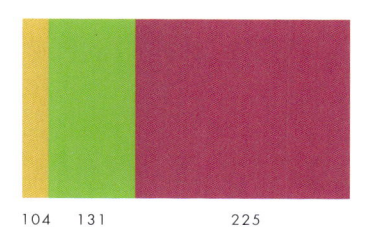

104　　131　　　　　225

M08

この配色はアール・デコ期のファッション雑誌の色使いに由来する。ベースカラーには、明るいシアン。ドミナントカラーにはディープトーンの赤紫のドレスと帽子。シアンと赤紫とは120度離れた対照色相配色で、明快なコントラストの色使いである。アクセントカラーの黄緑が主調色を生かしている。

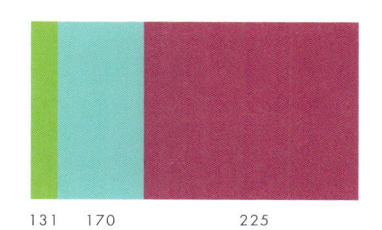

131　　170　　　　　225

1913　Costumes Parisiens　119

Robes de promenade

M09∶∶アール・デコ期のファッション誌より《パリジェンヌのファッション∶∶散歩服》アルマンド・ヴァレ画／1913年

M09

20世紀初頭のベル・エポック期のモダンなファッション・イラスト。左側の女性はディープトーンの赤紫にダークトーンの青みの赤紫のトーン・オン・トーン配色で、トリミングには対照色相のストロングイエローが効果的に使われている。右側の女性は赤いジャケットに中差色相のストロングイエローのスカート、それにダークな赤紫のマフを手にしている。いずれも白のラフカラーがアクセントとして効いている。

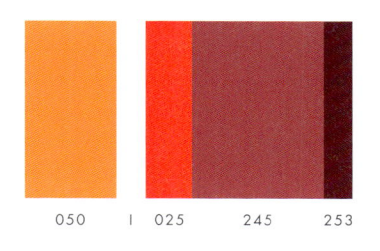

050　025　245　253

M10

イラストレーターのエリック・ジリアの作品に、この色使いが見られる。ディープトーンのマゼンタと彩度を落としたライトトーンのマゼンタをドミナントカラーに、アソートカラーに対照色相のライトトーンの淡い青を合わせ、アクセントにその対照色のライトトーンの黄色を配した配色である。いわば「対照色相の調和」である。

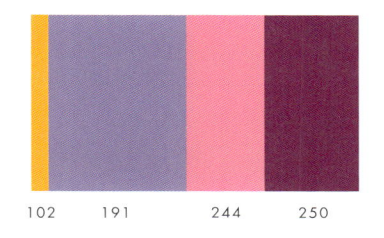

102　191　244　250

M11

ディープトーンの赤紫をドミナントカラーに、同一トーンの茶色を配した中差色相配色。新感覚のファッション・イラストの配色で、赤紫と茶色の組み合わせがフランスらしくエスプリが効いている。アソートカラーには茶色のトーン・オン・トーンを使い、アクセントに補色の青を配するなど、高感度のセンスを感じさせる。

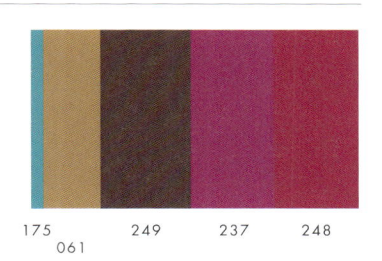

175　249　237　248
061

M12

背景色のベージュ地に赤紫と類似色相の紫をドミナントカラーとして配したアール・デコ期のテキスタイルデザイン。類似色相でまとめたので、よく調和するが、アソートカラーに黒を使用し、その2色を際立たせている。さらにアクセントカラーにビビッドなオレンジを使い、洒落たデザインになっている。

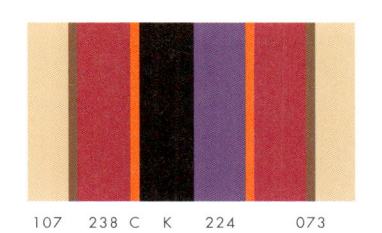

107　238 C　K　224　073

M16：《ジャズ：ピエロの埋葬》アンリ・マティス画／1947年　Archives Matisse

Magenta : Magenta | マゼンタ | 4

M13

フランスの情報会社のCIカラー。ドミナントカラーにディープトーンの赤紫、アソートにディープトーンの黄色と淡いローズを配している。赤紫と黄色は対照色相で微妙な関係だが、同系統のローズとの類似関係によって、魅力的な配色となっている。この黄色はアクセントの少量の茶色と共鳴している。

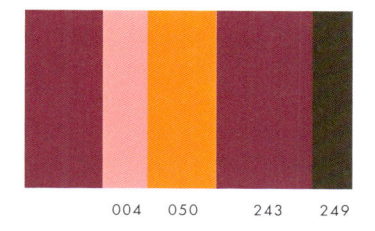

004　050　243　249

M14

現代のファッション・イラストの配色。トップスに濃い赤紫と同系の明るいローズ。ボトムはディープトーンの黄色。赤紫濃淡と黄色は対照色相で、やや落ち着かないが、ソックスをグレーと同じローズでコーディネート。アクセントに濃い茶色を配し、黄色と合わせている。靴はグレーと合わせて黒。

K　259　111　004　243
　　044

M15

フランスのアパレル企業が2010年秋冬に発表したスポーツカジュアルの配色。明るい赤紫をニット・ドレスの色にドミナントカラーとして使い、タイツを同系統の強い赤紫、アンダーシャツに補色の黄色を使用し、ヘアアクセントに対照色相の緑を使った「対照色相の調和」である。

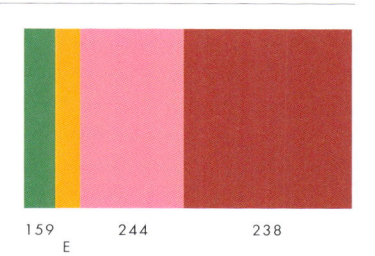

159　244　238
E

M16

マティスの切り絵「ピエロの埋葬」の配色。明るい赤紫の幅広の外枠(補色の黄色を少量添える)があり、中は黒ベタで、その上に馬車が白く描かれている。白の中には濃紺と少量の赤。赤紫+黒+白の対比的な配色によって、赤紫が目立つ。アクセントの赤、対照色相の青の配置も明快である。

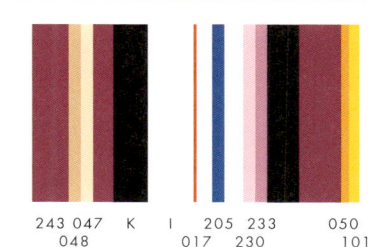

243　047　K　I　205　233　050
　　048　　　　017　230　101

Magenta | 125

BLN01：パリのアンティークショップに並ぶベビー用の白いボンネットとカラフルな飾り台

Blanc : White | 白 | 1

BLN01

白はフランス王家を象徴する色で、古くから畏敬を集めてきた色である。この配色は白と高彩度の赤との典型的なコントラストトーン配色。白を大きな面積にして、少ない面積で赤をコーディネートすることによって、その対比は一層、鮮明なものになる。パリ・コレクションでもしばしば見られる配色である。

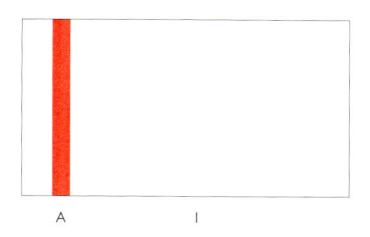

A　　　　　I

BLN02

白と青との配色では対応する青の色域が広い。白には、ライトトーンを始めとして、ビビッド、ディープトーンにいたる明清色、純色、暗清色のすべての青がよく調和する。シュブルールは、特にライトトーンの青とよく調和すると述べている。白いトップスに対して青のセーラーカラーなども、その好例であろう。

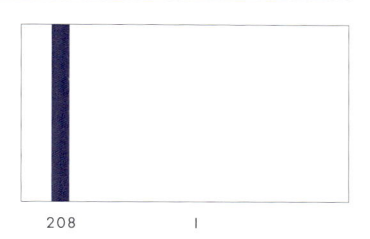

208　　　　　I

BLN03

白と紫のコーディネート。シュブルールによれば、白は赤、緑、青、オレンジの高彩度の色や、黒やグレー、いずれともよく調和するが、「白と紫」の配色の美しさは、どの配色にも優って美しいと述べている。2008年秋冬のパリ・コレクションでも、白のトップスと紫のショートスカートの作品が人気を集めた。

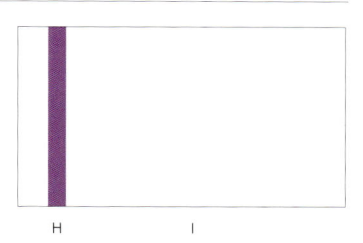

H　　　　　I

BLN04

白をベースカラーにして、アクセントカラーに黒を添わせる配色は、もっとも明度差のある「対照色相の調和」の基本的配色である。ファッションから、プロダクト製品、インテリアや商標、パッケージ、看板、標識などのあらゆる分野で見かける組み合わせである。明視性、誘目性、識別性などに優れているからであろう。

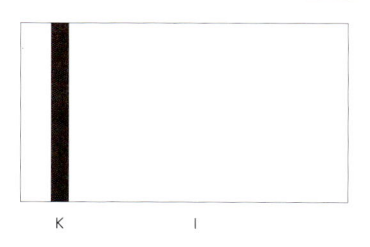

K　　　　　I

BLN06：フランスの装飾写本『ベリー公のいとも豪華なる時祷書』より《8月》ランブール兄弟画／
1412-1416年／シャンティイ、コンデ美術館蔵

Blanc : White | 白 | 2

BLN05

白は多くの有彩色と調和するが、有彩色の明度の高さが大きく関係するとシュブルールは記述している。だが白と調和する6主色の中で、オレンジは対比が薄れるという異論があるかもしれないともいっている。ポスター画家のモルヴァンなどは、これに類似色相の赤を配して、見事な作品を作っている。

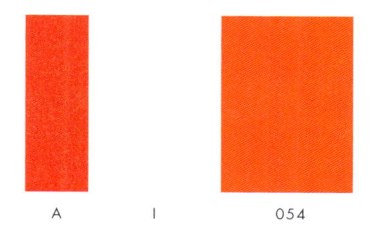

A　　　I　　　054

BLN06

白と緑はよく調和する配色であるが、この組み合わせは中世フランスの装飾写本にも見ることができる。左の写真の中の明るい青のガウン(オレンジのアクセント)を着た女性を見てみよう。ドミナントカラーの白、ベースカラーの緑、アソートカラーの鮮やかなオレンジが、見事な調和をしていて、見る人を惹きつけている。

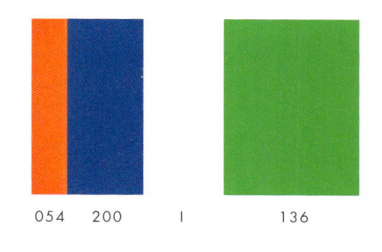

054　200　　I　　　136

BLN07

白と青はもっとも調和する配色である。マリンルックを予想させる現代的な配色であるが、青をベースカラーに、白を主題のドミナントカラーにして、アクセントカラーに青の対照色相の黄色を用いれば、一層パンチの効いた配色になる。ファッションやグラフィックなどの代表的な配色としてよく見かける色使いである。

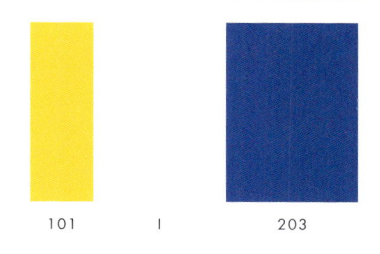

101　　　I　　　203

BLN08

白と赤の組み合わせはどこの国でも見られる配色だが、フランスでもパリ・コレクションでもっとも多く見られる配色のひとつになっている。この配色は白をベースカラーに、アソートカラーに黄色、主題のドミナントカラーに赤と黒を加えた、サヴィニャックの「サヴィニャック展」の作品から引用したものである。

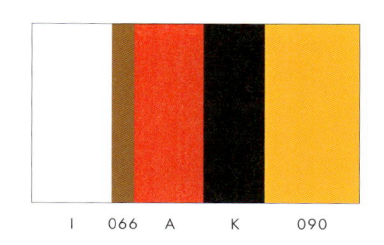

I　066　A　K　090

Blanc | 129

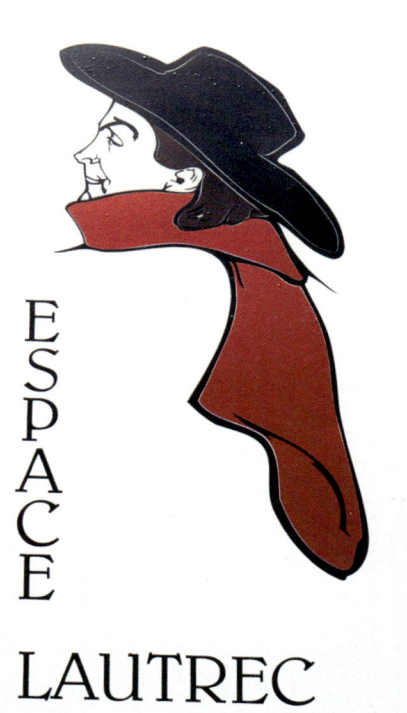

BLN09：パリにあるロートレック美術館の広告看板

Blanc : White ｜ 白 ｜ 3

BLN09

白は背景色として主調色を引き立てることが多い。特にポスターやバナーの分野では白がベースカラーとして機能して、上色を目立たせる役割を果たしている。写真はロートレック美術館の看板。青空との対比によって、地色の白と黒い帽子と臙脂のマフラーが引き立っている。

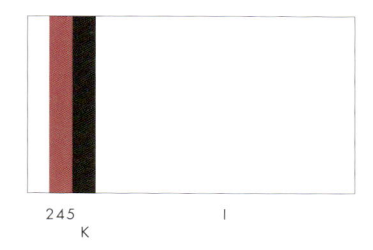

245　　　　　　　　　　　I
K

BLN10

現代ファッションでの白はどうであろうか。1993年のシャネルのコレクションのアンサンブルの配色を見てみよう。白をドミナントカラーとしてトップスに配し、ベースには黄緑のシャツ。そしてアソートとしてボトムには黄緑の対照色相の紫の配色である。アクセントカラーは白と対照コントラストの黒である。

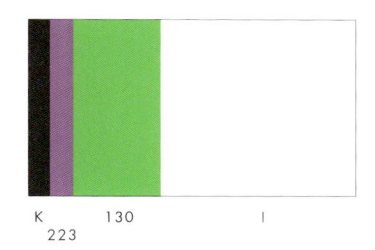

K　　130　　　　　　　　　I
223

BLN11

19世紀のイラストをもとにした配色で、白をドミナントカラーに、明るい青をアソートカラーに配した組み合わせ。白と青はよく調和する配色である。アクセントカラーには青の中差色相の黄緑を組み合わせ、コントラストを強調するとともに、黄緑の中差色相であるオレンジを使い、一層、その対比を明確にしている。

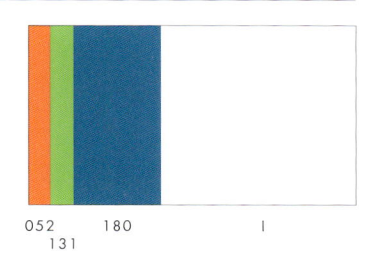

052　　180　　　　　　　　I
131

BLN12

この配色は19世紀初期のファッションプレートの配色で、白がもっとも映える紫をアソートカラーにして補色の黄色とオレンジをアクセントとしている。19世紀初頭の配色だが、充分に現代性を備えている。特にアソートカラーの紫に補色を添える技法は、今日でもしばしば行われているテクニックである。

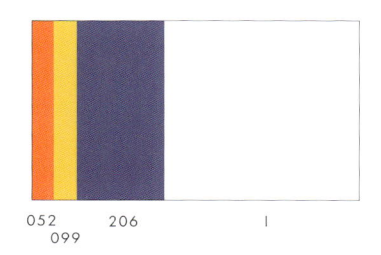

052　　206　　　　　　　　I
099

BLN15：ポスター《ブラックのアトリエ展：ルーヴル美術館》ジョルジュ・ブラック画／1962年

Blanc : White | 白 | 4

BLN13

モダンアートの画家たちが、モダンの象徴である白をいかに有効に配色したかを見ていこう。この配色はマティスの作品「サーベルをのむ人」より。外側から鮮やかな青、黒、赤の強い色相コントラストの枠取りで、中はローズ地に白い顔をした人が白い刀を飲み込んでいる構図である。中央の白にすべてを集中する配色は見事だ。

B　　　I　K　　　052　200

BLN14

この配色は「ダイナミック・キュービズム」の画家、フェルナン・レジェの「2つの横顔」。ストロングトーンの茶色を背景にして、アソートカラーに高彩度の黄色を配し、主題の顔は白と黒の対比で表現している。茶色と黄色は明度差のある類似色相。それに対して対照トーンの主題で、現代のスピードと躍動感を表している。

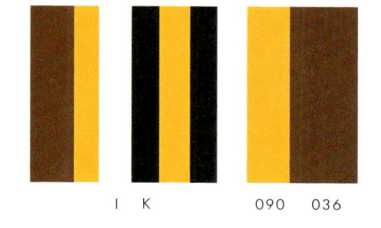

I　K　　　090　036

BLN15

この配色はルーヴル美術館で行われたジョルジュ・ブラックの回顧展のポスターに由来する。ブラックの青のベースカラーに黒い鳥を描いた作品は有名だが、これは紫のベースカラーに黒い木、白い鳥を配した珍しい作品である。黒、紫、白という明度コントラストによって、格調高い作品に仕上がっている。

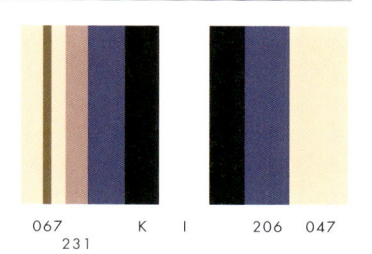

067　K　I　　　206　047
231

BLN16：ポスター《我らが祖国ヨーロッパ8》ジャン・コクトー画／1961年

Blanc : White | 白 | 5

BLN16

詩人・画家のジャン・コクトーのシルクスクリーン作品「我が祖国ヨーロッパ」の配色。ヨーロッパの人々の白い顔を黒い輪郭線で描き、周囲にはヨーロッパの風土を連想させる明るい青、黄色、赤紫などの色を散りばめている。白はすべての有彩色と調和するが、黒い線によって、そのコントラストが一層明確になっている。

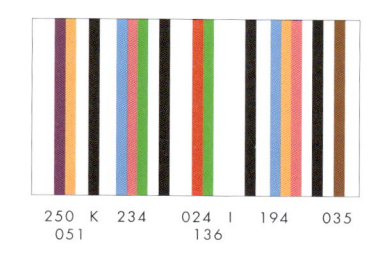

250　K　234　　024　I　194　　035
051　　　　　　136

BLN17

白の画家といわれるモーリス・ユトリロの作品の配色。正面に2軒の店舗があり、そのファサードの1階は赤と緑の補色で彩られており、2階は白い外壁になっている。周囲には茶色、無彩色をした外壁が並び、そこにも赤と緑がバランスよく彩られている。白を中心に、赤と緑の補色を主題とした「対照色相の調和」である。

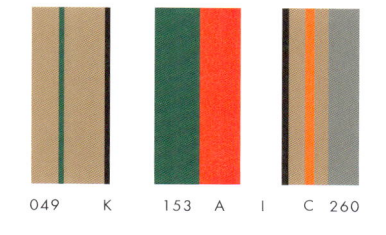

049　　K　　153　A　　I　C　260

BLN18

マティスの切り絵作品「道化師」の配色である。ベースカラーはマティス・ブルー（Bleu de Matisse）に枠取られた黒。その黒を背景にして白で道化師が描かれている。その白い道化師の上に、鮮やかな赤の星型。アクセントとして左枠に黄色と黒が配されている。白・黒の対比の上に赤・黄・青のトライアド配色が効果的に配置されている。

200　　E　　K　A　　　　　I

G01：フィリップ・スタルクがデザインを手がけたレモン搾り器《Juicy Salif》／1990年

Gris : Gray ｜ グレー ｜ 1

G01

この写真はフィリップ・スタルクのデザインした「レモン搾り器」である。本来はメタリックなシルバー・グレー1色の器であるが、上部にレモンが乗ると、大変にポストモダン的で魅力的な配色になる。黄色いレモンでも、緑のレモンでも「対照トーンの調和」の配色になり、鬼才スタルクの面目躍如である。

135　　　　　269

G02

「すべての原色は、グレーを添えた配色でその輝きや純度を獲得することができる」とシュブルールは述べている。主調色のグレーに、ローズをアクセントカラーにする配色は、フランス人がもっともシックな配色として愛好している組み合わせである。ローランサン絵画の魅力は、このグレーに負っている。

B　　　　　260

G03

グレーに黄色の組み合わせもフランス人の好むシックな配色といわれるものである。中明度のグレーのもつ温和で中間的な色合いが、高明度・高彩度の黄色によって、魅力的な感覚になるのであろうか。シュブルールも、黄色にグレーを添えることによって、「対照性の調和」が生まれるといっている。

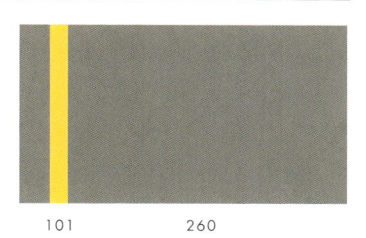

101　　　　　260

G04

グレーとディープトーンの茶色の組み合わせは、予想外の配色である。だが、フランスの配色を見ていくと、意外にこの地味な配色を多く見かけるので驚かされる。「鼠と茶」好みは日本人だけではないのだ。低明度の茶色と中明度・低明度のグレーとが「類似の調和」を生み出しているのであろう。

D　　　　　260

Gris ｜ 137

G05：ポスター《クリスマスカンパニー》レイモン・サヴィニャック画／1999年

G05

中明度のグレーと白の配色。無彩色の明度グラデーションで、よく調和する配色である。そのベースカラーに対して、アクセントカラー（写真ではドミナントカラーとして機能している）にビビッドトーンの赤を添わせて、トーン・コントラストでまとめている。サヴィニャックの楽しいクリスマスのポスター。

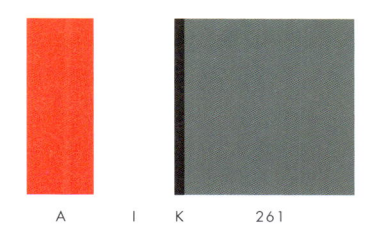

A　　　　I　K　　　　261

G06

ドミナントカラーとして高明度のグレーを使い、アソートカラーにベージュを組み合わせた配色。高明度・低彩度の類似トーンで、色彩差が少ないので調和している。アクセントカラーに彩度の高い青紫を使っている。新感覚のファッション・イラストをベースにしているが、緑でもオレンジでも何色でも調和するだろう。

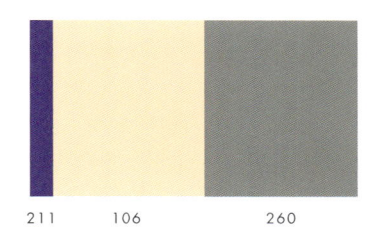

211　　　106　　　　　　　260

G07

黒、中明度のグレー、白の無彩色のトーン・オン・トーン配色を基本として、アソートカラーに彩度の高い青を配している。アール・デコ期の作家ソニア・ドローネのテキスタイルデザインに見られる配色である。無彩色にはすべての純度の高い色が調和するから、さまざまな色に対応できる。

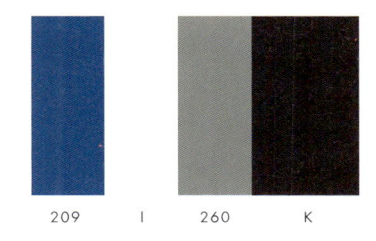

209　　　I　　　260　　　K

G08

この配色もドローネのデザインから引用した。無彩色とさまざまな色の組み合わせを試みていた時期の作品である。白をベースカラーにして、黒と中明度のグレーをドミナントカラーとして配置し、アクセントカラーに黄緑を用いている。シュブルールの影響のもとカラフルな補色対比を組み合わせるドローネとしては珍しく、グレーと黄緑を組み合わせた静謐な配色として注目したい。

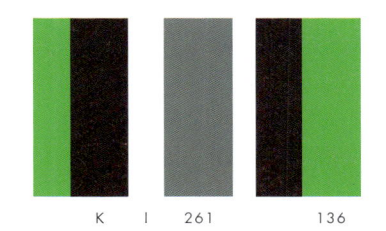

K　　　I　　261　　　　136

G12：パリのラ・デファンス地域の舗道

G09

「グレーは光輝色と陰影色との2色配色に添えられた場合には、白よりも調和的に快適であろう」とシュブルールは述べている。この配色はビビッドトーンの黄色と紫（オレンジと紫でもよい）にグレーを配したものであるが、補色のもつ緊張感がグレーによってほどよく調和している。

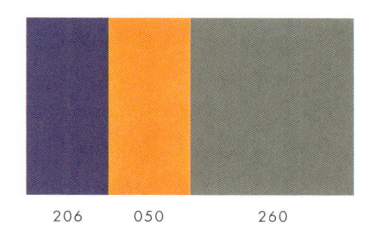

| 206 | 050 | 260 |

G10

緑と青の組み合わせは、お互いに近いようであり、また離れているような微妙な関係にある色なので、調和させることは難しい。2色が同一トーンの場合には無彩色でセパレートする必要がある。この配色のように2色がライトトーンやソフトトーンに属するときは、グレーを添えると一層、穏やかな配色となる。

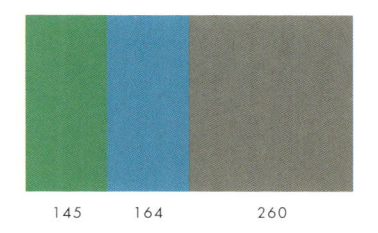

| 145 | 164 | 260 |

G11

緑と紫の配色は対照コントラストに属する組み合わせである。ただ、同じ対照配色といっても緑とオレンジのような明確な感じを与える組み合わせではないので、無彩色で分離させる必要があるだろう。特にグレーを添えた場合は、黒ほど違和感を感ずることはなく、快適感がえられる。

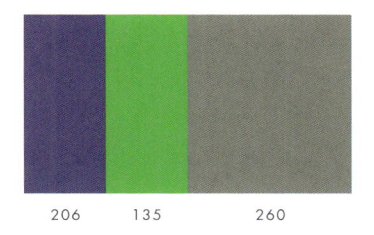

| 206 | 135 | 260 |

G12

シュブルールは「赤とオレンジ（または黄色）のような類似色相の場合は、白を添えるよりははるかにグレーの方が調和的である」という。この2色には黒を配色するとよく調和することが知られているが、グレーを配色することによって、ほどよく調和する。写真はグレーを中心にさまざまな色が並列しているパリのラ・デファンス地域の舗道である。

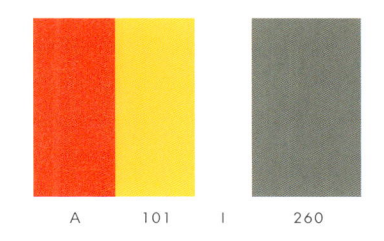

| A | 101 | I | 260 |

G13：《パンジーを持つ女性》タマラ・ド・レンピッカ画／1945年頃／個人蔵

Gris : Gray｜グレー｜4

G13

グレーを巧みに使った画家として、タマラ・ド・レンピッカがいる。この写真は代表作のひとつ「パンジーを持つ女性」である。グレーの諧調を背景色に用い、女性の紫の衣服、紫や黄色の花もすべてグレーがかっている。つまり、グレーがドミナントカラーとして機能し、「ドミナント効果」を果たしている。

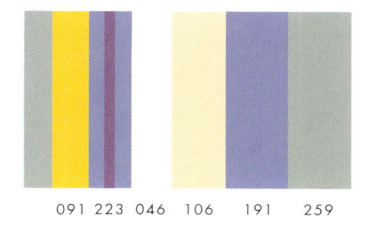

091 223 046　106　191　259

G14

この配色はローランサンの絵画作品「ギターをもつ女道化師」の色使いから引用した。ベースカラーのグレーの諧調の中に、ギターの淡い黄土色と黒、衣服のローズと淡い青、帽子の鈍い緑などが溶け込むように添えられている。そしてすべての色を生かすアクセントカラーとして、白が用いられている。

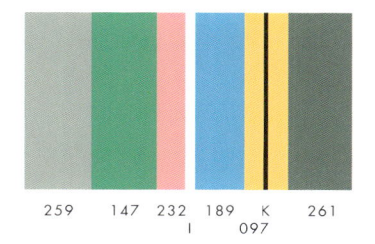

259　147　232　189　K　261
　　　　　　　　　　097

G15

ローランサンの別の作品「舞踏」から。画面には舞踏する4人の女性がそれぞれの色の衣裳を着て描かれている。他の作品よりは背景色のグレーの諧調の面積が小さく、反対にローズ、淡い青、黄色、濃い青紫などの主調色の割合が高くなっている。いずれもグレー濃淡に溶け合って、優雅な雰囲気を醸し出している。

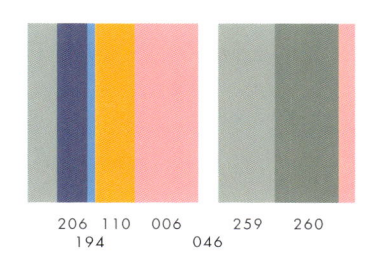

206 110 006　259　260
194　　　046

G16

グレーはすべての色を中和させる。この配色もローランサンの絵画「犬を抱いた女性」から抽出したものである。グレーの諧調を背景色として中央に青紫と赤紫の類似色相の衣服を着た女性が描かれている。アクセントカラーはグレーみの緑（紫の対照色相）で、対照トーンの白が、これらの色を生かしている。

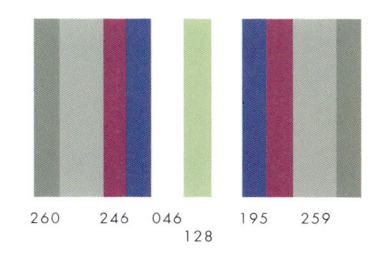

260　246　046　195　259
　　　　　128

G20：ポスター《ホテル商工業銀行債》レイモン・サヴィニャック画／1972年

Gris : Gray | グレー | 5

G17

画家たちが好んだグレーは同時に、ポスター作家にとっても魅力的な色であったのだろう。ロートレックの代表作「ムーラン・ルージュ」では、前面にグレーで描かれた男性、後景に黒で描かれた人物群像が配置され、踊り子を黄色、オレンジ、ベージュなどの類似色相などでまとめ上げている。

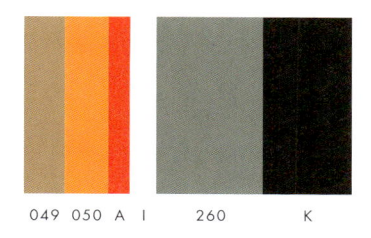

049 050 A I   260   K

G18

現代のポスター作家のサヴィニャックにもグレーを使った作品がある。この配色は、イタリアのタイプライターメーカー・オリベッティー社のポスターで、明るいローズをベースカラーにして、グレーの点描で兎とタイプライターが描かれている。関連作品にシアン、グレーを背景色としたカラー・バリエーションがある。

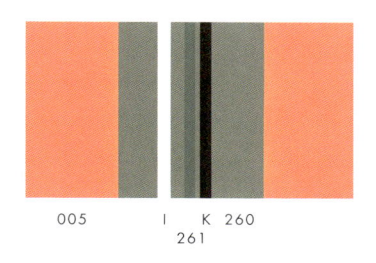

005   I K 260
       261

G19

この配色もサヴィニャックが描いたポスター作品「BICボールペン」の色使いから引用している。ベースカラーの黄色に対してグレーと青とがドミナントカラーの役割を果たしている。アクセントカラーには青の補色であるオレンジを配しているのが洒落ている。

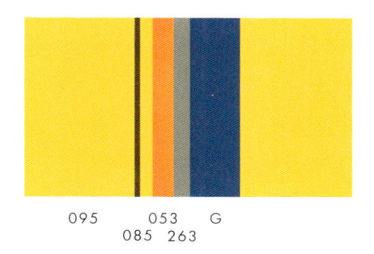

095   053   G
085   263

G20

この配色はサヴィニャックの左写真のポスターに由来する。ベースカラーとして画面上部に明るいシアンを配し、下部に濃いめのローズを配している。その中央部に低明度のグレーの建物、青い背広を着た銀行マンを据え、背景色とのトーン・コントラストで、中央の人物を強調している。

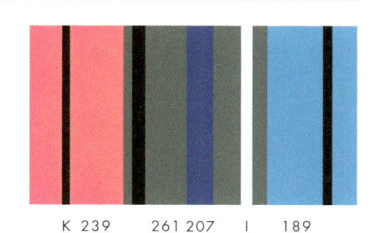

K 239   261 207   I 189

N02：パリのメトロの表示

N03：パリのバス停留所の表示

Noir : Black | 黒 | 1

N01

シュブルールは「黒は卓抜な調和効果をもたらす色である」といっている。歴史的にみても、マネやルノワールの絵を通して、19世紀末は黒のファッションの時代であったことがわかる。また20世紀前半、シャネルの発表したリトルブラックドレスがファッションのモダンを切り開いたことも記憶に新しい。この配色の黒と白の配色は、その基本である。

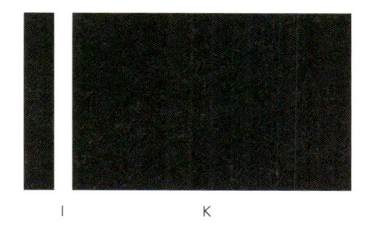

I　　　　　　K

N02

19世紀後半、産業革命が深化して、生活環境の中に黒い鉄が取り入れられると、黒と、その対比色の赤や白は視覚言語として用いられた。この地下鉄の表示は1900年に地下鉄が開通して以来、用いられているもので、黒い鋳鉄細工の枠の中で、対比色の赤が有効な視覚言語として白のロゴを目立たせている。

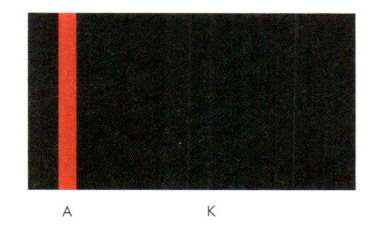

A　　　　　　K

N03

黒と黄色の組み合わせは、もっとも明視性の高い配色である。黒いラベルに黄色のロゴなどを商標に表したり、黒のドレスに黄色のスカーフなどといった組み合わせでしばしば使われている。黒と黄色の強いコントラストを弱めるために、黄色に白を添えたり、黄色とオレンジなどの2色にして、バランスをとるケースも少なくない。

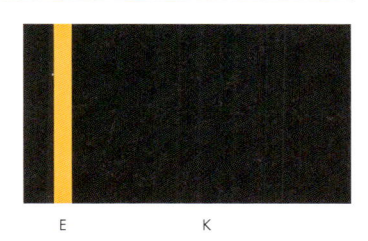

E　　　　　　K

N04

黒をドミナントカラーとして、アクセントカラーに明度を上げた明るいグレーを用いている例も見受けられる。さらに明度を上げて、白を加える場合もある。いわば無彩色のトーン・オン・トーンだから、「同一色相の調和」に相当する。黒の画家オディロン・ルドンの黒い版画シリーズ「夢の中で」の色である。

I　260　　　　K

N08：ポスター《アンバサドゥールのアリスティド・ブリュアン》アンリ・ド・トゥールーズ＝ロートレック画／1892年

N05

黒をドミナントカラーにして、アソートカラーに白を配したカラーコーディネート。黒と白は、コントラストの明快な無彩色の対照トーン配色だから、よく調和する。ここではアクセントカラーにオレンジを使っている。アール・デコ期の有名なファッションプレートによく使用された配色である。

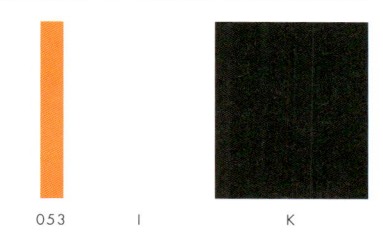

053　　　　　I　　　　　　　K

N06

黒と穏やかなベージュのカラーコーディネート。それに茶系の色と調和する紫をアクセントカラーに添えているから、これもパリらしいシックな配色になっている。パリ・コレクションで、90年代にソニア・リキエルが発表したアンサンブルの配色で、お洒落でエレガントな組み合わせになっている。

H　　　　107　　　　　　　K

N07

80年代に、パリ・コレクションで川久保玲、山本耀司が発表したブラックドレス以来、黒のファッションは定番となっている。黒のトップスにボトムのグレーなどの無彩色のトーン・オン・トーンで、アクセントカラーに茶色を効かせている。黒、グレー、ブラウン（茶色と鼠色）などの地味色ファッションは、パリでも「粋」なのである。

125　　　260　　　　　　　K

N08

この配色は左写真のトゥールーズ＝ロートレックのポスターに由来する。黒いコートに黒の帽子、オレンジの壁を背景にして、男が身につけている鮮やかな赤いマフラー。黒と鮮やかな赤とオレンジの組み合わせは、シュブルールご推奨の配色でもある。19世紀末のパリのメンズ・ファッション。

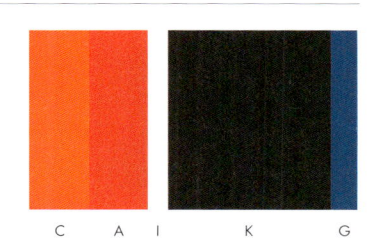

C　　A　　　　　K　　　G

N11, N12：フランスを代表するマスタードの老舗「マイユ」の店構えと商品パッケージ

150 | Noir

N09

黒はすべての純色とよく調和する。「光輝色」の赤、オレンジ、黄色、緑、また「陰影色」の青、紫（ライトトーン、ブライトトーンであれば）とも調和し、いずれも「対照トーンの調和」を生み出すので、両方の色の美しさを倍加する。19世紀末の画家トゥールーズ＝ロートレックのポスターでよく見る配色である。

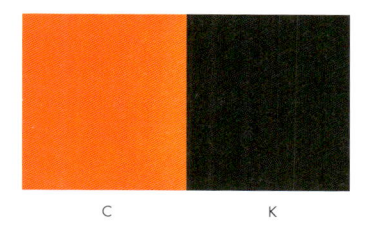

C　　　　　　　　　　K

N10

黒と濃い青は、よく調和する配色である。青を明るいライトトーン、ブライトトーン、ビビッドトーンにすれば「対照トーンの調和」となり、ディープトーン、ダークトーンにすれば「類似トーンの調和」となる。ディープトーンの青を背景色に飛翔する黒い鳥を描いたジョルジュ・ブラックの作品が思い出される。

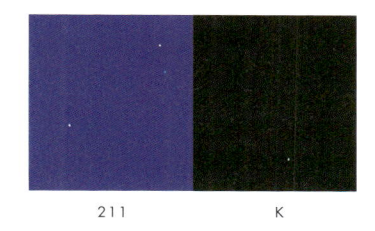

211　　　　　　　　　K

N11

黒は高彩度のすべての単色とよく調和するが、この配色は黒を背景色にブライトトーンの茶色と黄色を組み合わせている。茶色と黄色は類似色相で、よく調和する関係だが、背景の黒で、さらに明視性の高い組み合わせになった。写真は国際的な調味料メーカー「MAILLE」（マイユ）の店構えとパッケージ。

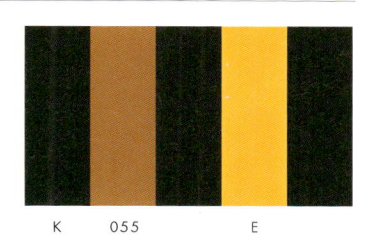

K　　055　　　　　E

N12

上記と同様に黒を背景色としてオレンジ、緑の中差色相を組み合わせた配色。2色ともビビッドトーンに属するから、同一トーン配色であり、しかも対照トーンの黒との組み合わせによって、彩度差が一層明確になっている。シュブルールが推奨する配色のひとつである。上記と同様に「MAILLE」のイメージである。

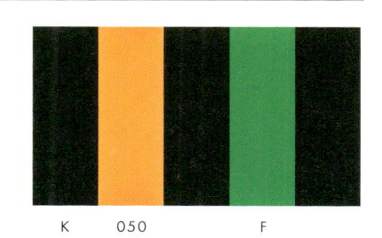

K　　050　　　　　F

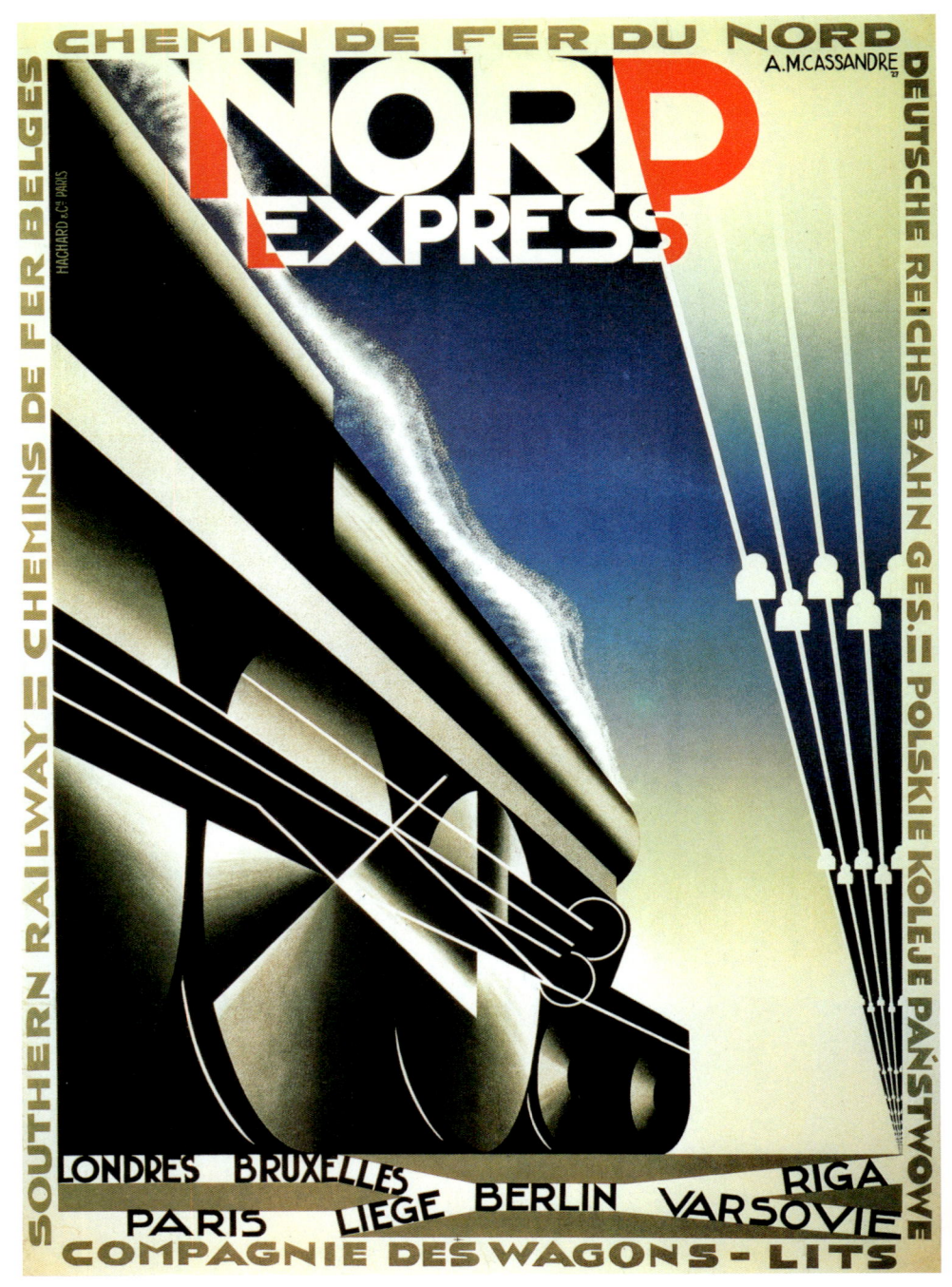

N15：ポスター《北方急行》アドルフ・ムーロン・カッサンドル画／1927年

N13

黒と鮮やかな赤の配色は、もっともポピュラーな組み合わせである。コントラストトーン配色の典型的なもので、特に19世紀前半と20世紀前半に流行した配色である。この配色はアール・デコの宝飾品で、中央にシルバー、その左右に黒と赤の石を配し、周囲にオレンジを配して両者を浮き立たせている。

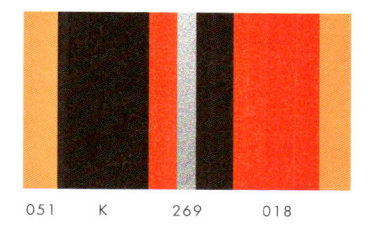

051　K　269　018

N14

黒とベージュのトーン・オン・トーンの配色。この2色は対照トーンに相当するので、明度のコントラストが強く、よく調和する。この配色はアール・デコ期のポスター作家カッサンドルの「Thiery」(紳士服)のポスターである。画面全体を黒とベージュに二重に二分して、そのコントラストを見事に表している。

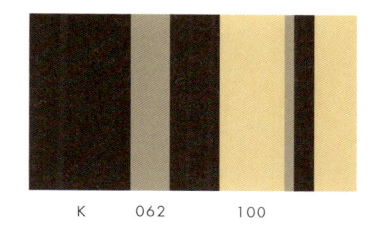

K　062　100

N15

この配色もカッサンドルの名作「北方急行」のポスターから引用している。画面の左半分以上を超特急列車を表す黒のトーン・オン・トーンで、グレー、白でまとめ、右半分を空の青の濃淡と路線を表す白でまとめている。黒と白、そして青のアクセントカラーにコントラストの大きな赤を用いており、効き色として効果的である。

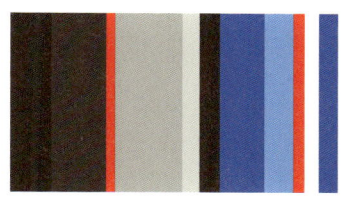

K　186 A　259 257　203 194　I

N16

この配色もカッサンドルのポスター「Londen」から引用している。大型汽船の鉄の塊を表す黒を主調色として右半分をカバーし、アソートカラーに船上の煙突を茶色と黒、アクセントカラーにフランス国旗の青、白、赤のトリコロールを配している。黒はどの色をも生かすといわれるが、この配色を見ると首肯するものがある。

A I G　047　K
066

N19：《ジャズ：イカロス》アンリ・マティス画／1947年　Archives Matisse

N17

常に黒をキーカラーとして使い、優れた作品を創造した画家としてフェルナン・レジェがあげられる。この配色は代表作のひとつで「コンポジション」。ベージュ地の上に補色どうしの紫と黄色、白、黒、赤の対照トーン配色になる3色の対比色を並列させながら、ダイナミックで現代的な抽象画に仕上げている。

047　033　K　I　　　E　　　218

N18

建築家・画家のル・コルビュジエのタブロー作品「夜の足跡」に由来する配色。画面右半分は白地に黒、アクセントに赤、左半分は黒地にオレンジと赤、その補色の緑、対照色相の黄色と青を配して、色相コントラスト、トーン・コントラストを強調している。すべての色がいきいきと自己主張している作品である。

K　F G A E C　　I　　033

N19

ブライトトーンの青をベースカラーにして黒い人型が大きく描かれている。マティスの有名な切り絵作品「イカロス」である。夜空を予想させる背景の青には、対照色相の黄色の星が描かれている。黒の人型の心臓部には、黒とコントラストトーンの鮮やかな赤が描かれており、対比的な色の効果をあげている。

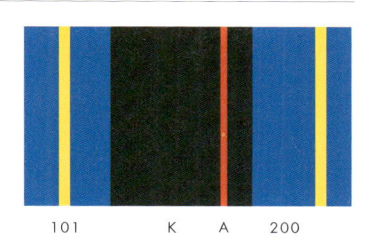

101　　　K　A　200

配色例：歴史別

MA02：世界遺産に指定されているブールジュ大聖堂の窓を彩るステンドグラス

Moyen Âge : Middle Ages | 中世

MA01

中世とは、西ローマ帝国の滅亡から、約1000年の期間を表す。キリスト教的封建主義が確立し、ヨーロッパに数多くの教会が作られた。この配色は尖塔の高い石造りのゴシック建築のパリ・ノートルダム寺院のイメージを表している。薄い緑は屋根の色であり、カラフルな色はステンドグラスである。

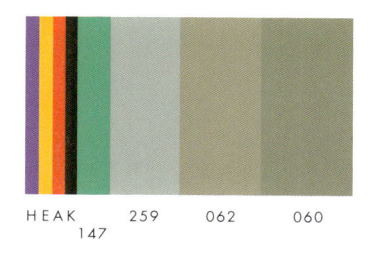

H E A K 259 062 060
　　　147

MA02

中世は「暗黒の時代」といわれ暗いイメージがあるが、実は多彩な色の時代であった。神の救済を説く教会は、華麗なステンドグラスで彩られ、聖書物語を描くキリスト教絵画が飾られた。シャルトル大聖堂の青、ブールジュ大聖堂の赤など今でも多くの人々の畏敬を集めている。写真はブールジュ大聖堂のイメージ。

K　145　A　E 061　172
　　 I

MA03

タペストリーも、神の福音を説く有力な視覚言語であった。この配色は「アンジェの黙示録」といわれるタペストリー「天では戦いが起こった」に由来する。青の濃淡を背景にして、黄色の衣裳を着た大天使ミカエルが赤い龍を退治する場面である。青と黄色・赤の対照色相でドラマティックに描いている。

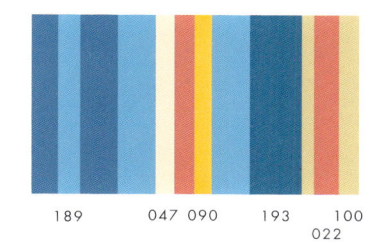

189　047 090　193　100
　　　　　　　　　　022

MA04

この配色は装飾写本「ベリー公のいとも豪華なる時祷書」の5月の場面に由来する。白亜のルーブル宮殿を遠景に濃い緑の森を背景にして、新緑の緑の衣裳を着た貴婦人たちが森を逍遥している場面である。青のトーン・オン・トーン、黄緑のトーン・オン・トーンの2色の中差色相の濃淡で、5月祭を効果的に表している。

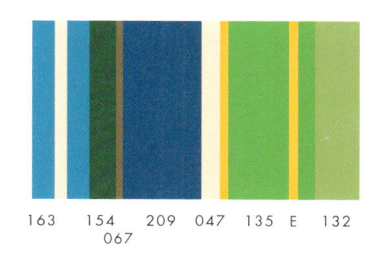

163　154　209　047　135 E　132
　　　067

Moyen Âge | 159

BQ01：ヴェルサイユ宮殿ヘラクレスの間

Baroque : Baroque | バロック

BQ01

17世紀バロック時代は太陽王といわれたルイ14世により、ブルボン王朝が絶対王政を確立し、欧州全体に覇を唱えた時代である。王権の威厳を表すためにすべてが豪華で過剰な装飾で彩られた。ルイ14世が改修したというヴェルサイユ宮殿は外壁、室内空間とも黄金で過剰なまでに彩られた。この配色はそのヴェルサイユ宮殿の室内のイメージを表している。

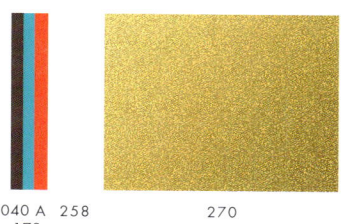

040 A   258   270
173

BQ02

この時代は光が追求された時代であった。ニュートンによるプリズムの発見を始めとして、絵画でも「キアロスクーロ」（伊語Chiaroscuro 仏語Clair-obscur）という技法が開発され、光による明暗により対象を浮き立たせる技法が用いられた。フランスではラ・トゥールが光を追究した画家であり、この配色はその作品のイメージを表している。

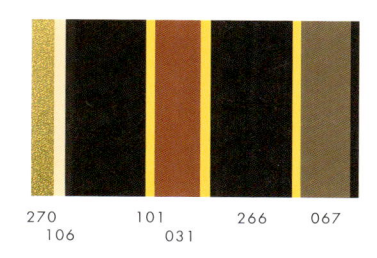

270   101   266   067
106   031

BQ03

17世紀は室内に豪華さを表現するために、ゴブラン織が愛好された。特にルイ14世時代に宰相コルベールによって王立ゴブラン織工場が設立され、広く普及することとなった。ゴブラン織は綴織の一種で、横糸によって織り出す模様の色を変えるのが特徴である。この時代のゴブラン織は、生成り色を中心に茶褐色、赤褐色など、重厚な色が用いられた。

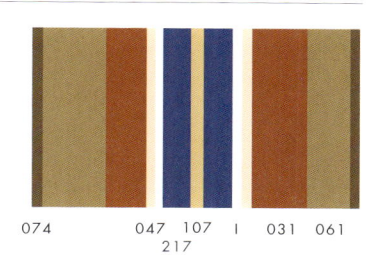

074   047 107 I   031 061
             217

BQ04

この時代は中明度（低明度）で低彩度なディープトーン、ダークトーンの色が好まれ、濃い茶系のグルナ（Grenat）、ネーフル（Nèfle）、濃い緑系のシプレ（Cyprès）、サパン（Sapin）、濃い青系のヴェルサイユ（Versailles）、濃い紫系のペチュニア（Pétunia）、濃い赤紫系のフランボワズ（Framboise）が流行色となった。配色はラシネの装飾図譜から引用した。

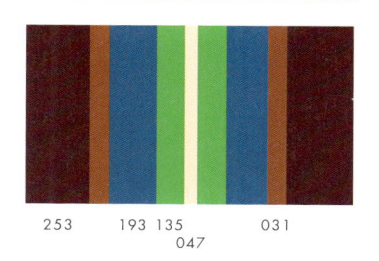

253   193 135   031
             047

R01：《四季－秋》フランソワ・ブーシェ画／1755年／ニューヨーク、フリック・コレクション美術館蔵

Rococo : Rococo | ロココ

R01

18世紀を代表する美術様式であるロココ（Rococo）とはフランス語のロカイユ（Rocaille）に由来する。ロカイユとは貝殻や岩でできた人工の岩屋である。18世紀、この様式が室内装飾に取り入れられ、白くて曲線的な美術様式の総称となった。この配色は左の写真、雅宴画家フランソワ・ブーシェの描いた「四季－秋」から採用した。

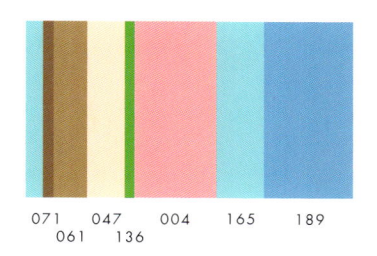

071　047　004　165　189
　061　136

R02

18世紀ロココ時代は、「ピンク」の時代である。ポンパドゥール・ピンク（Rose Pompadour）、マリー・アントワネット（Marie Antoinette）、フラゴナール（Fragonard）などピンクを表す色名も数多く生まれている。この配色は、ロココの代標的雅宴画家のブーシェのゴブラン織の名作「キューピットとプシュケ」の配色に想を得ている。

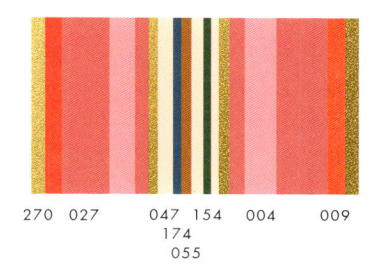

270　027　047　154　004　009
　　　　　174
　　　　　055

R03

当時の貴婦人たちはローブ・ア・ラ・フランセーズという豪華な衣裳に身を包んだ。流行色はピンクと白。ヴァトー、フラゴナール、ブーシェなどの代表的な雅宴画家たちが、そのファッションを描いていて、当時の風俗を知ることができる。この配色はフラゴナールの名作「ぶらんこ」から抽出した。

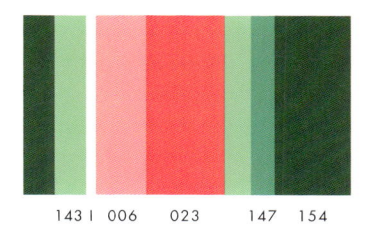

143　006　023　147　154

R04

ルイ15世の寵姫ポンパドゥール侯爵夫人が王立セーヴル製陶所を保護、育成したことはよく知られている。製陶所も、ポンパドゥール夫人の好意に応えて、ポンパドゥール・ピンクやロイヤルブルーなどの色を禁色とした。この配色はロイヤルブルーに彩色されたスープ皿から取った。

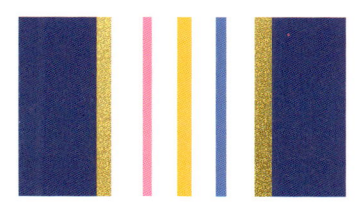

217　270　244　094　197
　　　　　　　　　258

E01：1804年のナポレオン皇帝の戴冠式の様子を描いた挿絵

Empire : Empire | アンピール

E01

「ナポレオン皇帝の戴冠式」はパリ・ノートルダム寺院で荘厳に行われたという。この写真はその戴冠式の挿絵であるが、堂内は白、ローズ、青、金色などの色で満ち溢れている。18世紀の象徴であるローズ、フランス革命のシンボルである青、王室のシンボルの白などで対比的に華麗に彩られている。

270　189　I 243　217　236

E02

19世紀初頭にはイギリスのデザイナー、ロバート・アダムによるグリーンが流行し、室内のカーテン、絨毯、壁紙などに用いられた。特にフランスでは皇帝ナポレオンがこの色を好み、室内を飾ったと伝えられている。この配色は、当時の室内のカラーコーディネートから引用したもので、緑が中心になっている。

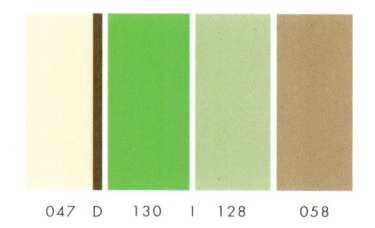

047　D　130　I　128　058

E03

19世紀になるとセーヴル王立製陶所も為政者の嗜好や興味にしたがい、色調を変えていく。18世紀を代表するポンパドゥール・ピンクやロイヤルブルーから、19世紀初頭にはナポレオン皇帝の好みを反映し、全体を黄緑やナポレオン・ブルーで彩色し、金彩を施して、中央に雅宴画を入れるスタイルが多くなる。

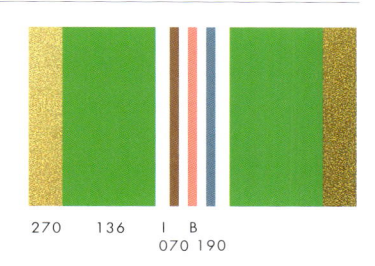

270　136　I　B
　　　　　070 190

E04

アンピール様式は古代ギリシャ・ローマ様式の復活だから、女性のファッションも古代ギリシャの白いキトン、ペプロスに準じた白の薄物のファッションなど、まさに白の時代であった。この配色は皇帝ナポレオンのファッションだが、トップスに蛇腹つきの紺のジャケット、赤い襷をして、白いズボンを穿いていたという。

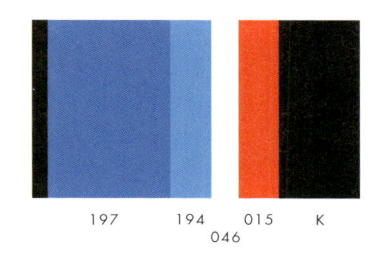

197　194　015　K
　　　046

AN03：ポスター《JOB》アルフォンス・ミュシャ画／1896年

Art Nouveau : Art Nouveau | アール・ヌーヴォー

AN01

アール・ヌーヴォー（Art Nouveau）とは19世紀末にフランスを中心として興った美術・デザイン様式である。世紀末の頽廃を背景にして曲線的で、細長くくねくねとうねる形を特徴としており、色彩としては黄色、紫、濃紺、グレーなどを特徴としている。この配色はロートレックの「パリのジャヌ・アヴリル」から引用したものである。

107　053　102　　260　K

AN02

ロートレックはアール・ヌーヴォーを代表する画家であり、ポスター作家である。特にムーラン・ルージュ（赤い風車）のポスターには、アール・ヌーヴォーの特徴が見事に表現されている。この配色もロートレックのポスター「メイ・ミルトンの肖像」から抽出したものである。ベージュを背景にして、紫みの青が主調色となっている。

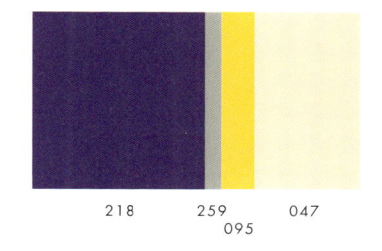

218　　259　　047
　　　　095

AN03

写真はアルフォンス・ミュシャの有名なポスター「JOB」。背景色にやや赤みの紫を配し、女優サラ・ベルナールの金髪の黄色が、紫との明確な補色コントラストを作り出している。白がそのコントラストを中和していると同時に、淡い黄緑が紫・黄色に対するアクセントになっている。

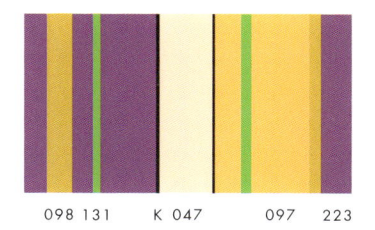

098 131　K 047　097　223

AN04

「ポスター芸術の父」と呼ばれたジュール・シェレの配色から。彼はロートレックより早くポスターの効用を思いつき、色刷りのポスターを作った作家であった。踊り子を描いた「ロイ・フェラー」から抽出した配色で、黒をベースカラーにして、中央には黄色やオレンジの衣裳をまとった踊り子が軽やかに舞っている。

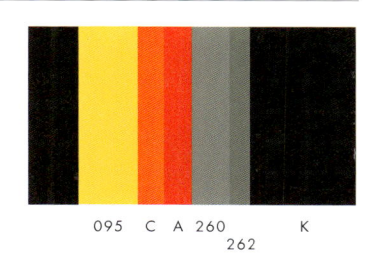

095　C A 260　　K
　　　　262

AD04：《カーディフ・チーム》ロベール・ドローネ画／1912-1913年／パリ、パリ市近代美術館蔵

Art Déco : Art Deco | アール・デコ

AD01

ピエト・モンドリアンはオランダ人画家で、「水平線・垂直線の交差するところ、無彩色と赤・黄色・青の色使いに宇宙の秩序がある」と提唱した新造形主義の旗手である。モンドリアンは滞在したパリのアトリエを、鮮やかな赤・黄・青のトライアド配色と無彩色とのトーン・コントラストでカラーコーディネートしている。

E G A　　I　　　259　　K

AD02

20世紀初頭にはスチール、ステンレス、アルミなどの新素材が、都市空間の建築、生活道具を彩った。それらの新素材の銀色はアール・デコやモダンの象徴であった。ニューヨークの銀色に輝く摩天楼はアール・デコのシンボルであった。フランス人ジャン・ピュイフォルカが作る銀色の食器類は、その黒い柄とともに、アール・デコの生活空間を彩った。

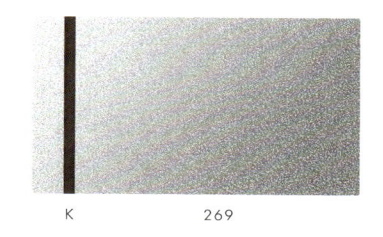

K　　　　269

AD03

アール・デコ様式に大きな影響を与えたのはロシア・バレエ団（バレエ・リュス）である。特にアート・ディレクターのレオン・バクストの華麗な色彩の舞台装置や舞台衣装は、ベル・エポック時代の暗い色調に馴染んだヨーロッパ人を驚かせた。この配色コードは、バクストの「千夜一夜物語 シェヘラザード」のイメージを再現したものである。

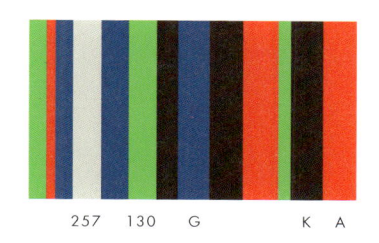

257　130　G　　　　　K　A

AD04

フランス人ロベール・ドローネは「色彩キュービズム」を提唱した画家である。彼はシュブルールの「色彩の同時対比の法則」に心酔し、色相環における赤と緑、青とオレンジ、黄色と紫、白と黒の対比色を並列し、「色の円盤」シリーズの連作を創った。この写真は「エッフェル塔」シリーズの1作。

208　173　E I C　　018 130 K
205

MN01：《サヴォア邸》ル・コルビュジエ設計／1931年

Moderne : Modern | モダン

MN01

写真は、建築家ル・コルビュジエが1931年に創ったサヴォア邸。モダンデザインとは「白い四角いハコ」という定義の根拠となった作品である。彼は色彩、模様などの装飾性を排除し、機能性を追求した。外壁、室内壁面などに白を主調色として使い、黒、青、緑、赤を少量、アクセントカラーに使用している。

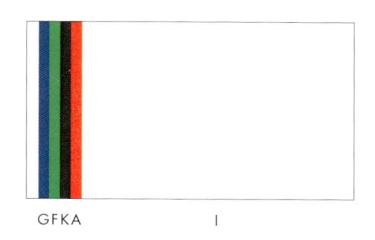

GFKA　　　　　　I

MN02

絵画のモダンは「野獣派」、「立体派」、「新造形主義」などの視覚革命を経て、画家マレーヴィチが提唱した「絶対主義」に到達し、次いで大きなキャンバス一面に色を塗る「色面表現主義」を迎えることになる。フランスの画家イヴ・クラインが「インターナショナル・クライン・ブルー」を使って、一面に彩色する作品はその頂点である。

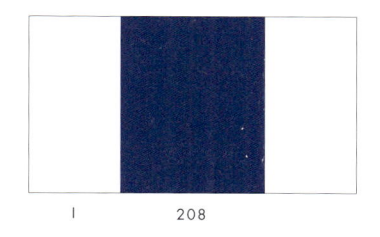

I　　　　208

MN03

20世紀の建築分野ではコンクリート、スチール、ガラスなどの新素材が登場し、都市には巨大な高層建築が林立することとなった。いわば都市空間はコンクリート・ジャングルといわれるグレーの空間と化した。この色面分割は、パリ近郊のラ・デファンス地域にあるミロのオブジェを通して、都市建築を見た光景である。

208 E A　　　　259

MN04

自動車の世界では1909年、ヘンリー・フォードが黒のT型フォードの大量生産に踏み切り、モダンの幕を開けた。またファッションではガブリエル・シャネルが1920年代に発表した「リトルブラックドレス」に始まった。この配色はシャネルに想を得たファッション・イラストの黒のドレスで、裾にベージュのボーダーとオレンジのラインを入れている。

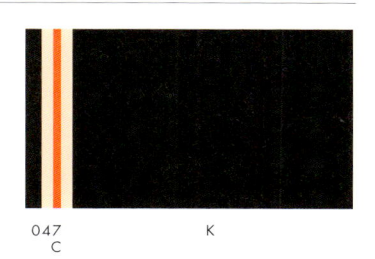

047　　　　K
　C

P02：《ジョルジュ・ポンピドゥー国立美術文化センター》レンゾ・ピアノ、リチャード・ロジャース設計／1977年　（上）正面（下）裏側の外壁

Postmodernisme : Postmodernism｜ポストモダン

P01

ポストモダン建築はヴァナキュラー（土着的な）をひとつのコンセプトにしている。風土の歴史・記憶を織り込もうという考え方である。ケ・ブランリー美術館はジャン・ヌーヴェルが2006年に建てたフランスの原始美術専門美術館で、その外壁の色にはラスコー以来のフランスの風土の色であるイエローオーカー、レッドオーカーが彩られている。

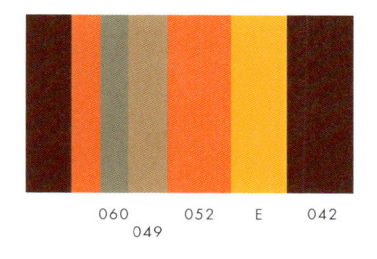

060　052　E　042
049

P02

外壁に鮮やかな赤、水色、緑、黄色などの配管がむき出しに張り出している。まだ未完成のままと思わせるジョルジュ・ポンピドゥー・センター（国立美術文化センター）の裏側の外壁である。1977年、レンゾ・ピアノとリチャード・ロジャースの設計である。当初は非難轟々であったが、今ではポストモダンを代表する建築物として、高い評価を受けている。

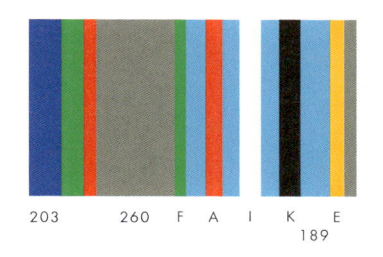

203　260　F　A　I　K　E
189

P03

ラ・ヴィレット公園は、35ヘクタールの広大な緑の敷地に30に近い真っ赤な東屋と銀色のドームが点在している公園である。1995年完成。設計者はベルナール・チュミである。「ラ・ヴィレット公園の赤」という色名も生まれたが、この地は、元々家畜の屠殺場があったところで、赤い血のヴァナキュラーな記憶であるという。

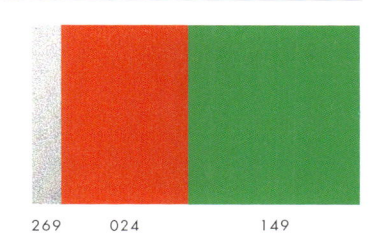

269　024　149

P04

ラ・デファンスはパリ市近郊の新凱旋門の周辺の都市再開発地域の名前で、超高層のオフィスビルが林立し、パリに新しい魅力を与えている。建築家のエミール・アイヨはその一角に、空に浮かぶ雲のような形を大胆な色使いで彩った外壁の高層集合住宅を設計した。この彩色はスーパーグラフィックといわれている。

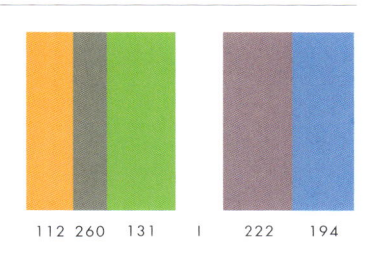

112　260　131　I　222　194

配色例：テーマ別

MQ02：2004年、改装中のルイ・ヴィトン本店（シャンゼリゼ通り）
©Paul Cooper / Rex Features LOUIS VUITTON FLAGSHIP STORE, CHAMPS ELYSEE, PARIS, FRANCE - 2004 LOUIS VUITTON SHOP

Marque : Brand ｜ブランド

MQ01

エルメスのCIカラーはエルメス・オレンジという鮮やかな黄赤である。第二次世界大戦後に物資が不足していたとき、たまたま使用したオレンジ色が評判が良く、CIカラーとして使用するようになった。ロゴの文字色や結びテープの色に同系色のトーン・オン・トーンの濃い茶色を使用して、オレンジを引き立たせている。

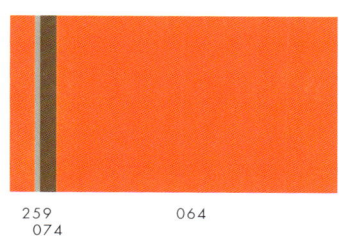

259　　　　　064
074

MQ02

ルイ・ヴィトンは、1854年頃、カバン職人のルイ・ヴィトンが創業した高級カバンメーカーの老舗。グレーのキャンバス地で覆われた軽量のカバンが好評で、事業は拡大の一途を辿った。1896年、日本の家紋をヒントに、社名のLとVを重ねた「モノグラム・ライン」を発表し、不動の地位を築いた。色は茶褐色の濃淡である。

075　069　　　　084

MQ03

ルノーは1898年にルイ・ルノーによって設立されたフランスを代表する自動車メーカーである。以前から濃い黄色のマスタード・イエロー（Moutarde）をコーポレートカラーにしており、ロゴマークの背景色に使用し、トーン・コントラストの強い黒を組み合わせている。モータースポーツに参戦する際には、その他にオレンジを組み合わせている。

K　　　　　103

MQ04

フォション（FAUCHON）はフランスの代表的な高級食料品メーカー。1999年にフォション・ピンク（Rose de Fauchon）といわれる高彩度のピンクをCIカラーに制定し、パリ本店の店舗ディスプレー、パッケージ、ラッピングなどのドミナントカラーとした。アソートカラーにはトーン・コントラストの明確な白と黒を組み合わせている。

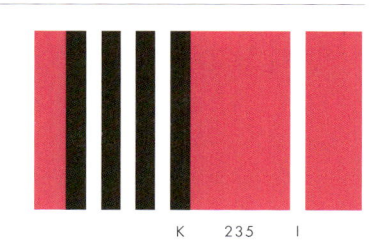

K　　235　　I

Marque ｜ 177

(上左)QS01（上右)QS02（下左)QS03（下右)QS04：ポスター《四季》イヴ・サンローラン画／1984年

178 | Quatre Saisons

Quatre Saisons : Four Seasons | 四季

QS01

色の魔術師といわれたイヴ・サンローランの四季のポスター（1984年）「春」の配色。長く暗い冬が終わって緑が芽吹き、プロヴァンスの澄んだ青い空の下で、コスモス、矢車菊などのピンクや黄色の花が咲き乱れる様子を、彩度の高いピンク、黄色などを用い、冬の名残りの黒とともに対比させて配色している。

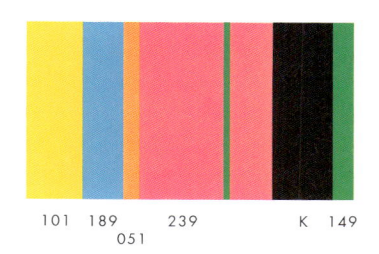

101　189　239　　　K　149
　　　051

QS02

同じサンローランの「夏」のポスターのイメージ配色。地中海に面したコート・ダジュールの風景を思い起こさせる。白い砂浜や家並みに映えて、マリン・ブルー（Bleu marine）、コート・ダジュール・ブルー（Bleu de Côte d'Azur）などの青のトーン・オン・トーン配色に、対照色相の黄色をアクセントカラーに効果的に使用している。

166　189　K　101　　171　198
　053　　　　l

QS03

サンローランの「秋」のポスター。忍び寄る暗い冬のイメージ色である黒を背景色に、その上に落葉を象徴する枯葉色（Feuilles mortes）をドミナントカラーとして使用している。アソートカラーには茶色の色相グラデーションで、落葉の変わる色であろうか、オレンジ、黄色を使用し、対照色相の緑でアクセントをつけている。

K　003　　　047　041 218　101
　　135

QS04

サンローランの「冬」が、ヨーロッパの人々の長く暗い冬に対する共通のイメージなのだろうか。ベースカラーにはダークブルー、主調色として黒を中心に配置して、アソートカラーに雪の白と暗い空を表すグレーを使用している。低明度の基調色に対し明度コントラストの色で、厳しい冬のイメージを表現している。

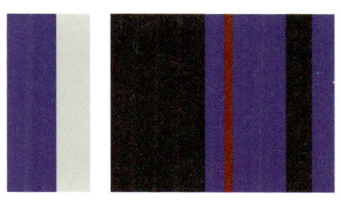

211　257　l　　　K　　　041

S04：ヴェルサイユの秋の並木道

Scenery : Scenery | 風景

S01

コート・ダジュール（Côte d'Azur）とは「青い海岸」の意味である。地中海に面した南フランスの風光明媚な海岸線。白い外壁の家並み、さまざまな色相の砂浜、海のコート・ダジュールの青（Bleu de Côte d'Azur）、その先に見えるマリン・ブルーの青（Bleu marine）、空の青と海岸線が無彩色と青の色相グラデーションを形成している。

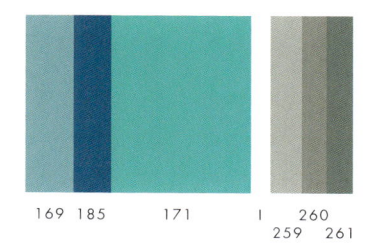

169　185　　　171　　　　　1　260
　　　　　　　　　　　　　　259　261

S02

春になると南フランスのプロヴァンスは黄色い花の絨毯が敷きつめられたようになる。ジャスミン、サフラン、ミモザ、黄水仙など色名にもなっている花々が咲き乱れる。これらは木々や草々の緑色と中差色相配色を形成し、黄色の対照色相の空の青と見事な色相コントラストを形成している。

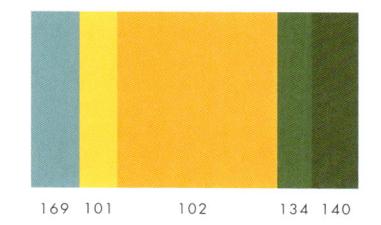

169　101　　　102　　　　134　140

S03

春、プロヴァンスを旅行していると、ラベンダー畑の光景は圧巻である。木々や草々の緑濃淡を背景にして、紫のトーン・オン・トーンの花がどこまでも敷きつめられている。さらにライラック（フランス語でリラ）。「リラの花咲く頃」とは、最も美しい季節という意味だそうだ。類似色相の青い空が紫とよく調和している。

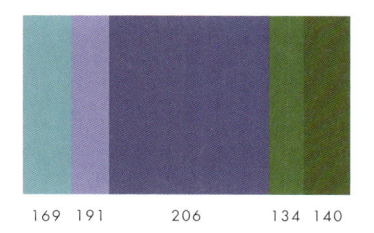

169　191　　　206　　　　134　140

S04

枯葉の風景は、1950年代にシャンソン歌手のイヴ・モンタンが歌った「枯葉」（Les Feuilles Mortes）で世界的に有名になった。パリの街路樹にはプラタナス、マロニエ、菩提樹、エンジュ、楓、ポプラなどが植えられている。木枯らしの頃には、枯葉が、茶色から黄色までの色相グラデーションのトーン・オン・トーンになって、見事な風景を生み出す。

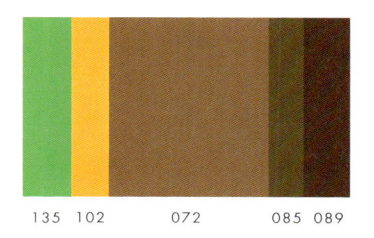

135　102　　　072　　　　085　089

LES ARMOIRIES DE LA VILLE DE PARIS

V.

District des Capucins du Marais.
Donné par les Officiers et Soldats du Bat.ⁿ

District des Enfants-Trouvés (F.ᵇᵍ S.ᵗ Ant.)

District de l'Oratoire.

District des Feuillants.

District des Filles S.ᵗ Thomas.

District de S.ᵗ Philippe du Roule.
Donné par les Dames du District.

District de S.ᵗ Germain l'Auxerrois.
Donné par M.ʳ Herbain.

District des Jacobins S.ᵗ Honoré.
Donné par M.ʳ Lehoc.

District de S.ᵗ Honoré.
Donné par M.ʳ de Silly.

District des Capucins S.ᵗ Louis (Ch.ᵉ d'Antin).
Donné par M.ʳ Pinon.

District des Champs-Élysées.
Donné par M.ᵐᵉ la Duchesse de Bourbon.

District de S.ᵗ Roch.
Donné par les Citoyens du District.

L. Benard del. et lith.   L. M. Tisserand dir.   Chromolith. Aug. Bry à Paris.

A04：19紀のパリ市内の各地域の紋章をあしらった旗のデザイン

Armoirie : Crest | 紋章

A01

フランス南部に位置し、コート・ダジュール地域圏に属するフランス第一の港湾都市マルセイユの紋章の配色。紀元前600年以降に交易都市として栄えたという。14世紀頃、フランス王国に統合された。市の紋章はブルボン王朝を表す白地に、フィールド全体にコート・ダジュールの青（Bleu de Côte d'Azur）で十字架が描かれている。

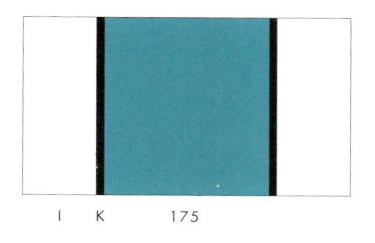

I　　K　　175

A02

ヴェルサイユ市の紋章。フランス北部に位置するこの都市は、12世紀以来、ブルボン王朝の本拠地であった。特にルイ14世が改築したヴェルサイユ宮殿は、フランス絶対王政の象徴となった。紋章はフィールドの3分の2が青地に金色の百合の紋章。上3分の1は王権の象徴色である白に双頭の鶏が描かれている。

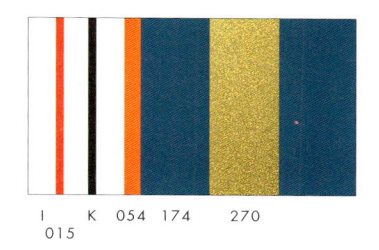

I　　K　054　174　　270
015

A03

リヨン市の紋章。リヨンは2世紀頃から栄えたフランス南東部の都市である。14世紀にフランスに統合された歴史をもつ。紋章のフィールドの下3分の2には鮮やかな赤地に白抜きでリヨンの象徴であるライオンが描かれている。フィールドの上3分の1はフランスの象徴である青地に金色の百合の花の紋章である。

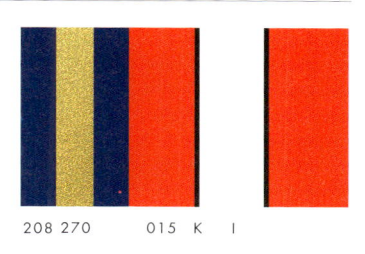

208 270　　015　K　　I

A04

パリ市の紋章。上部にはフランス王家の紋章のフルール・ド・リス（青地に金色の百合の花）、下部には赤地にパリ市の象徴である白い帆掛け舟が描かれている。つまり国旗の青、白、赤のトリコロールで構成されている。周辺には赤の補色の緑の月桂樹や金色の王冠が描かれている。左図は19世紀のパリ市内の各地域の紋章だが、いずれもトリコロールで構成されている。

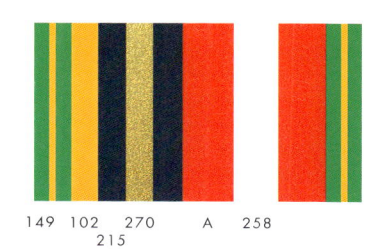

149　102　270　　A　　258
　　　215

（上）T01：パリ北駅に停車中のユーロスター　（下）T02：フランス国鉄の高速鉄道TGV

Transport : Transport | 交通機関

T01

ユーロスター（Eurostar）はイギリス、フランス、ベルギーの3か国、ロンドン―パリ、パリ―ブリュッセル駅を繋ぐ超特急列車である。1994年に開業した。車体のフロントはマスタードイエローの濃淡になっており、全体はシルバーのベースカラーにマスタード・イエローのラインが入っている。

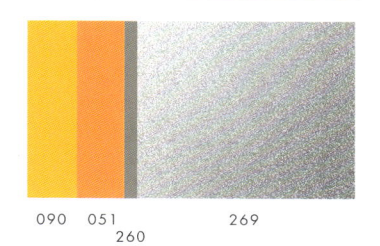

090　051　　　269
　　　260

T02

TGVは「Train à Grande Vitesse」の略称。高速列車の意味で、フランス国土を走行している。1981年、最初にパリ―リヨン間で開業した。初期の車体カラーはシルバーをベースにオレンジであったが、今ではシルバーグレーにストロングブルーを主調色とし、ターコイズ・グリーンとローズのアクセントカラーが入っている。

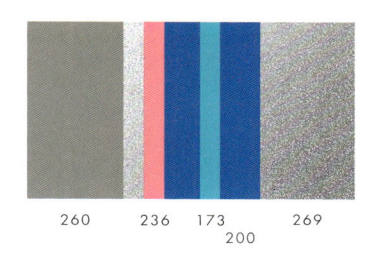

260　　236　173　　269
　　　　　200

T03

トラム（Tram）はパリ市と近郊を走る路面電車のことで、パリの人々にとっては地下鉄、バスと並ぶ重要な交通機関である。1号線から4号線まであり、パリ市内には3号線が走っている。濃紺色の4号線以外は、車体カラーはすべて共通で白地にターコイズ・グリーンのラインが入っている。市内を走るバス、地下鉄の車体カラーと同じである。

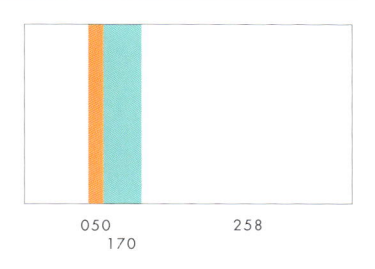

050　　　258
170

T04

パリ市内を走る観光用のオープンバスの配色。ビビッドトーンの赤をドミナントカラーにして、そのアソートカラーに黄みの赤（黒い窓がセパレートしている）を配して、白い色との対比的な明視性の高い配色になっている。極めて目立つ色使いである。

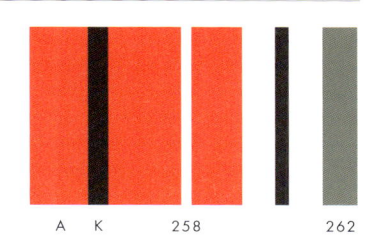

A　K　258　　　262

(上) RU03：パリ市の国際空港シャルル・ド・ゴール空港の案内表示　（下) RU04：パリ市内のトラム（路面電車）と貸し自転車の駐輪場

Rue de Paris : Paris Street | パリの街角

RU01

パリの街角で見かけた優れた配色を紹介しよう。この写真は「Navigoカードのチャージ機」である。ボディ全体は中明度のグレーである（よく見ると多少の濃淡がついている）が、チャージ機の部分の枠取りは濃い赤紫で、表示の部分は濃い緑になっている。赤紫と緑とグレーの珍しい配色である。

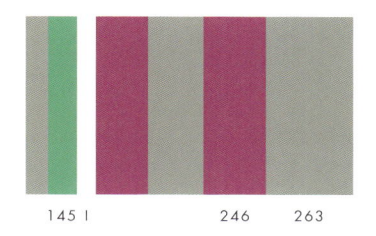

145　I　　　　　　　246　263

RU02

パリ市の交通機関の自動切符発売機である。ボディ全体は明るい緑であるが、釣銭の取り口は濃い緑で彩られている。現金の挿入口はグレーの地にチャージ機と同じ赤紫で、指示部分は濃い青で表示されている。不調和な感じは否めないが、目立つことは確かである。

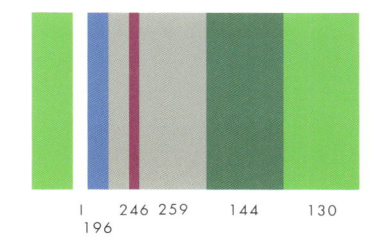

I　246 259　144　130
196

RU03

シャルル・ド・ゴール空港における出発便・到着便の案内表示。右側に濃紺地で出発便の案内が白いピクトグラムと白と黄緑の文字で描かれている。左側は到着便で、明るい青地に同様に表示されている。その上にオレンジで全体が表示され、補色配色で目立つ表示になっている。

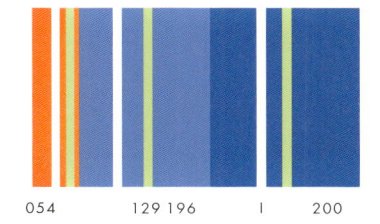

054　　　129 196　I　200

RU04

市内を走る黄色のトラムとレンタルサイクル（貸し自転車）の駐輪場の場面である。自転車の後輪には貸し自転車の印であるローズ（地域によってオレンジ、赤などの色がある）の表示板がつけられ、傍に立つグレーのメーターとも連動している。このレンタルサイクルはカラフルで楽しい雰囲気である。

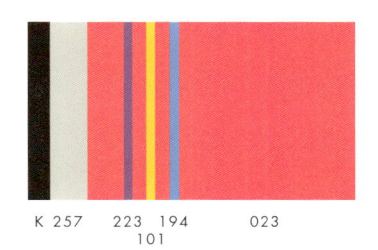

K　257　　223　194　　023
　　　　　　101

参考文献 | Bibliography

[洋書]

- Faber Birren『The principles of Harmony and Contrast of Colors and their applications to the Arts M. E. Chevreul』West Chester 1938
- Jean Philippe & Dominique Lenclos『Couleurs de la France』Monitier 1982
- Jean Philippe & Dominique Lenclos『Les Couleurs de L'Europe』Monitier 1995
- Jean Philippe & Dominique Lenclos『Colors of the World』Norton 1999
- Michel Pastoureau『Dictionnaire des couleurs de notre tenmps』Editions Bonneton 1992
- Michel Pastoureau『Bleu historie d'une couleur』Seuil 2000
- Michel Eugene Chevreul『De la loi du contraste simultane des couleurs, et de l'assortiment des objects colores considere d'apres cette loi』Pitois-Levrault 1839

[和書]

- アト・ド・フリース 『イメージ・シンボル事典』 山下主一郎主幹 大修館書店 1984
- アリスン・コール 『色の技法』 村上博哉訳 同朋舎出版 1998
- ヨーハン・ヴォルフガング・フォン・ゲーテ 『色彩論』 高橋義人 南大路振一 中島芳郎 前田富士男 嶋田洋一郎訳 工作舎 1999
- 大石一男 『Paris Collection 1981-2000』 新潮社 2001
- 鹿島 茂 『フランス歳時記—生活風景12か月』 中央公論新社 2002
- シシル 『色彩の紋章』 伊藤亜紀 徳井淑子訳 悠書館 2009
- 城 一夫 『フランスの伝統色』 PIE BOOKS 2008
- 城 一夫 『色の知識』 青幻舎 2010
- ジョルジュ・ビドー・ド・リール 『フランス文化誌事典』 堀田郷弘 野池恵子訳 原書房 1996
- 寺田怒子・草場安子 『フランス生活事典』 白馬出版 1983
- 徳井淑子 『色で読む中世ヨーロッパ』 講談社 2006
- ティエリ・マントウ 『フランス上流階級BCBG』 伊藤緋紗子訳 光文社 1995
- 福田邦夫 『色彩調和論』 朝倉書店 1996
- フランス・ゲリッツェン 『現代の色彩』 冨家 直 長谷川 敬訳 美術出版社 1978
- フランソワーズ・バルブ・ガル 『フランス流はじめての名画の見方』 栗原千恵子訳 PIE International 2010
- マリ=フランス・グースカン 『フランスの祭と暦』 樋口 淳訳 原書房 1991
- ミシェル・パストゥロー 『CROMA』 JEX. Limited訳 青幻舎 2010
- ミシェル・パストゥロー 『青の歴史』 松村恵理 松村 剛訳 筑摩書房 2005
- ミシェル・パストゥロー 『ヨーロッパの色彩』 石井直志 野崎三郎訳 パピルス 1995
- M.E.シュブルール 『シュブルール 色彩の調和と配色のすべて』 佐藤邦夫訳 青娥書房 2009
- レスリー・カバーガ 『世界の配色ガイド』 郷司陽子訳 グラフィック社 2003

※その他、フランス人画家（ロベール・ドローネ、トゥールーズ=ロートレック、マリー・ローランサン、アンリ・マティスなど）やデザイナー（レイモン・サヴィニャック、エルヴェ・モルヴァン、フィリップ・スタルクなど）の全集、画集などを多数参照した。

色彩一覧 | Color Index

A
ルージュ
Rouge
4.0R 4.5/14.0
C5 M96 Y83 K0
R223 G33 B44
#DF212C

B
ローズ
Rose
10.0RP 6.5/7.0
C3 M62 Y30 K0
R233 G127 B138
#E97F8A

C
オランジュ
Orange
4.0YR 6.0/14.0
C0 M72 Y94 K0
R236 G104 B22
#EC6816

D
ブラン
Brun
7.5YR 4.0/4.0
C57 M72 Y87 K14
R122 G81 B53
#7A5135

E
ジョーヌ
Jaune
5.0Y 8.0/13.0
C0 M26 Y100 K0
R251 G198 B0
#FBC600

F
ヴェール
Vert
3.0G 5.5/11.0
C84 M14 Y84 K0
R0 G152 B86
#009856

G
ブルー
Bleu
3.0PB 3.5/12.0
C100 M68 Y19 K0
R0 G83 B146
#005392

H
ヴィオレ
Violet
6.0P 3.0/12.5
C52 M81 Y4 K0
R142 G69 B147
#8E4593

I
ブラン
Blanc
N8.0
C0 M0 Y0 K0
R255 G255 B255
#FFFFFF

J
グリ
Gris
N5.5
C49 M41 Y39 K0
R147 G145 B143
#93918F

K
ノワール
Noir
N2.0
C79 M75 Y72 K47
R51 G49 B50
#333132

[凡例] ◎ 色彩一覧は、色見本・色名(和仏)・マンセル値・色のCMYK値・RGB値・Web値の順で表記した。
　　　◎ マンセル値の数値は、色相・明度・彩度の順に表記した。
　　　◎ CMYK値はオフセット印刷した際のプロセスインク4色の網点パーセントを、C(シアン・藍)、M(マゼンタ・紅)、Y(イエロー・黄)、K(ブラック・墨)の順に表記した。
　　　◎ RGB値はコンピュータ値で色を表現する際に用いられる表記で、R(レッド・赤)、G(グリーン・緑)、B(ブルー・青)の順に表記した。
　　　◎ Web値はRGB値をWebページ用に16進数各2桁の6種類で表記した。
　　　◎ 用紙は「b7トラネクスト A・T 63kg」、インキは「東京インキCERV0110」を使用した。

001
ローズ・テ
Rose thé
10.0R 8.0/6.5
C0 M32 Y38 K0
R247 G192 B155
#F7C09B

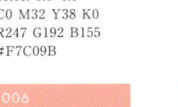

002
ペーシュ
Pêche
10.0R 8.0/6.0
C0 M37 Y39 K0
R246 G183 B149
#F6B795

003
オロール
Aurore
10.0R 7.5/9.0
C0 M56 Y53 K0
R240 G141 B108
#F08D6C

004
ローズ・ドゥ・マルメゾン
Rose de Malmaison
2.5R 7.5/8.0
C0 M42 Y18 K0
R244 G174 B179
#F4AEB3

005
ローズ・ソーモン
Rose saumon
9.5R 7.5/7.0
C0 M50 Y45 K0
R242 G155 B126
#F29B7E

006
オルセーユ
Orseille
1.25R 7.5/8.0
C0 M45 Y20 K0
R243 G167 B172
#F3A7AC

007
カロット
Carotte
10.0R 7.0/12.0
C0 M59 Y56 K0
R240 G135 B100
#F08764

008
グリ・ドゥ・ラン
Gris de lin
5.0R 7.5/1.0
C21 M25 Y19 K0
R208 G193 B194
#D0C1C2

009
ヴェルミヨン
Vermillon
7.5R 6.0/12.0
C0 M80 Y64 K0
R234 G85 B74
#EA554A

010
トマト
Tomate
7.5R 6.0/14.0
C10 M90 Y89 K0
R217 G58 B38
#D93A26

011
コラーユ
Corail
6.5R 6.0/12.0
C5 M75 Y66 K0
R228 G97 B75
#E4614B

012
ヴィウー・ローズ
Vieux rose
2.5R 6.0/8.0
C30 M60 Y44 K0
R188 G121 B120
#BC7978

013
マンダリーヌ
Mandarine
7.5R 5.0/14.0
C5 M95 Y85 K0
R224 G39 B41
#E02729

014
ゴブラン
Gobelin
5.0R 5.5/15.0
C5 M95 Y87 K0
R224 G39 B39
#E02727

015
ガランス
Garance
5.0R 5.5/14.0
C5 M96 Y83 K0
R223 G33 B44
#DF212C

016
ルージュ・ドゥ・ブールジュ
Rouge de Bourges
7.5R 5.0/14.0
C5 M95 Y87 K0
R224 G39 B39
#E02727

017
コクリコ
Coquelicot
5.0R 5.0/16.0
C0 M100 Y86 K0
R230 G0 B38
#E60026

018
エカルラート
Écarlate
7.0R 5.0/14.0
C0 M95 Y92 K0
R231 G37 B30
#E7251E

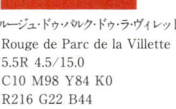

019
グール
Gueules
6.5R 5.0/12.0
C0 M94 Y81 K0
R231 G41 B45
#E7292D

020
シナーブル
Cinabre
7.5R 5.0/12.0
C10 M84 Y79 K0
R218 G75 B54
#DA4B36

021
グルナディーヌ
Grenadine
5.0R 5.0/16.0
C4 M93 Y70 K0
R225 G47 B60
#E12F3C

022
カメリヤ
Camélia
1.25R 5.0/12.0
C9 M78 Y45 K0
R221 G88 B102
#DD5866

023
フラゴナール
Fragonard
2.5R 5.0/10.0
C3 M84 Y30 K0
R228 G72 B116
#E44874

024
ルージュ・ドゥ・パルク・ドゥ・ラ・ヴィレット
Rouge de Parc de la Villette
5.5R 4.5/15.0
C10 M98 Y84 K0
R216 G22 B44
#D8162C

025
ルージュ・エクルヴィス
Rouge écrevisse
10.0R 5.0/10.0
C0 M90 Y81 K0
R232 G57 B46
#E8392E

026
クルヴェット
Crevette
2.5R 5.0/9.0
C0 M70 Y65 K0
R237 G110 B78
#ED6E4E

027
マリー・アントワネット
Marie Antoinette
7.0R 5.0/7.5
C9 M77 Y33 K0
R220 G91 B120
#DC5B78

028
ルージュ・ドゥ・ムーラン・ルージュ
Rouge de Moulin Rouge
5.0R 4.0/12.0
C10 M98 Y90 K2
R214 G25 B37
#D61925

029
キュイーヴル
Cuivré
10.0R 4.5/7.0
C25 M75 Y85 K0
R196 G92 B51
#C45C33

030
ルージュ・ディオール
Rouge Dior
6.0R 4.0/12.0
C35 M100 Y100 K12
R163 G27 B32
#A31B20

031	032	033	034	035
ナカラ・ドゥ・ブール Nacarat de bourre 10.0R 4.0/11.0 C32 M80 Y90 K0 R184 G81 B46 #B8512E	カルディナル Cardinal 3.0R 4.5/11.0 C20 M93 Y90 K0 R201 G51 B41 #C93329	ルージュ・オークル Rouge ocre 2.5R 4.0/10.0 C23 M84 Y61 K0 R197 G72 B79 #C5484F	マロカン Marocain 5.0R 4.0/10.0 C34 M92 Y81 K5 R173 G51 B53 #AD3335	コニャック Cognac 10.0R 4.0/9.0 C38 M77 Y90 K5 R167 G83 B47 #A7532F
036	037	038	039	040
テール・ドゥ・シエーヌ Terre de Sienne 10.0R 4.0/6.0 C48 M77 Y85 K18 R135 G73 B50 #874932	ルージュ・ドゥ・サン Rouge de sang 4.0R 3.5/11.5 C25 M96 Y85 K5 R187 G38 B46 #BB262E	アルジル Argile 0.5R 5.0/8.0 C36 M80 Y54 K0 R175 G79 B92 #AF4F5C	ルーイュ Rouille 7.5R 3.5/6.5 C26 M83 Y97 K0 R194 G75 B34 #C24B22	ブラン・ヴァン・ダイク Brun van Dyck 5.0R 3.0/3.0 C60 M75 Y62 K30 R100 G64 B69 #644045
041	042	043	044	045
グミエ Goumier 6.25R 3.0/10.0 C42 M97 Y98 K19 R144 G34 B33 #902221	グレナ Grenat 5.0R 2.0/6.0 C54 M93 Y80 K31 R110 G37 B45 #6E252D	ネーフル Nèfle 10.0R 2.5/4.0 C55 M84 Y77 K35 R104 G49 B48 #683130	ルートル Loutre 10.0R 2.5/3.0 C58 M87 Y90 K46 R87 G37 B29 #57251D	ビストレ Bistre 10.0R 2.0/2.0 C69 M72 Y77 K40 R75 G59 B49 #4B3B31
046	047	048	049	050
フォー・ブラン Faux blanc 7.5YR 8.0/1.0 C4 M2 Y1 K0 R247 G249 B252 #F7F9FC	シェール Chair 8.0YR 9.0/2.0 C0 M12 Y21 K0 R253 G232 B206 #FDE8CE	ベージュ・シャネル Beige Chanel 4.0YR 8.0/2.0 C10 M30 Y36 K0 R230 G190 B159 #E6BE9F	ベージュ Beige 8.0YR 8.0/2.0 C25 M44 Y56 K0 R199 G154 B114 #C79A72	ベルランゴ Berlingot 9.0YR 7.5/12.0 C0 M43 Y85 K0 R245 G166 B44 #F5A62C
051	052	053	054	055
ムロン Melon 8.75YR 7.5/11.0 C1 M39 Y73 K0 R245 G175 B78 #F5AF4E	カピュシーヌ Capucine 4.0YR 7.5/11.5 C5 M76 Y82 K0 R228 G94 B50 #E45E32	アブリコ Abricot 5.0YR 6.0/12.0 C0 M50 Y85 K0 R243 G152 B45 #F3982D	オランジュ・タンゴ Orange tango 1.25YR 6.0/13.0 C0 M68 Y99 K0 R237 G113 B0 #ED7100	ルー Roux 5.0YR 7.0/12.0 C25 M64 Y88 K0 R197 G114 B48 #C57230
056	057	058	059	060
マイース Maïs 7.5YR 7.0/8.0 C0 M52 Y75 K0 R242 G148 B69 #F29445	トパーズ Topaze 7.0YR 7.0/6.0 C32 M54 Y74 K0 R185 G130 B77 #B9824D	ブロン Blond 8.0YR 7.0/3.0 C25 M40 Y55 K0 R200 G161 B118 #C8A176	シャモワ Chamois 7.5YR 6.5/6.0 C27 M51 Y95 K0 R195 G137 B36 #C38924	マスティック Mastic 10.0YR 6.5/3.0 C45 M41 Y50 K0 R157 G146 B126 #9D927E

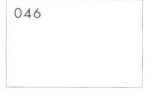

061	062	063	064	065
ビスキュイ	グレージュ	ピマン	オランジュ・エルメス	フォーブ
Biscuit	Grège	Piment	Orange Hermès	Fauve
7.5YR 6.0/4.0	8.0YR 6.5/2.0	7.5R 5.0/14.0	※ エルメスにより	10.0YR 6.0/12.0
C31 M46 Y65 K0	C36 M37 Y45 K0	C0 M89 Y88 K0	マンセル数値等	C18 M52 Y100 K0
R188 G146 B96	R177 G160 B137	R232 G61 B36	は非公開	R211 G138 B5
#BC9260	#B1A089	#E83D24		#D38A05

066	067	068	069	070
オークル・ジョーヌ	ヌガー	フー	ジョーヌ・ダンブル	ティスィヤン
Ocre jaune	Nougat	Feu	Jaune d'ambre	Titien
10.0YR 6.0/7.5	7.0YR 6.0/3.0	4.0YR 5.5/14.0	8.0YR 5.0/8.0	1.0YR 5.5/6.5
C33 M60 Y100 K0	C45 M55 Y70 K6	C13 M71 Y97 K0	C40 M61 Y93 K0	C38 M68 Y75 K0
R183 G119 B29	R153 G118 B83	R217 G102 B23	R169 G113 B47	R172 G103 B71
#B7771D	#997653	#D96617	#A9712F	#AC6747

071	072	073	074	075
カフェ・クレーム	フーイユ・モルト	タンヌ	ブラン・ファン	ノワゼット
Café crème	Feuilles mortes	Tanne	Brun faon	Noisette
6.5YR 5.5/4.5	7.5YR 5.0/6.5	5.0YR 5.0/4.0	4.0YR 5.0/3.0	4.5YR 4.5/7.0
C47 M59 Y72 K3	C43 M65 Y86 K0	C46 M63 Y73 K0	C53 M67 Y75 K10	C39 M66 Y100 K2
R152 G114 B80	R162 G105 B58	R157 G108 B78	R133 G92 B69	R170 G104 B34
#987250	#A2693A	#9D6C4E	#855C45	#AA6822

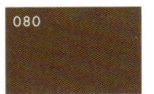

076	077	078	079	080
ポワル・ドゥ・シャモー	ブリック	エネ	モルドレ	シャテーニュ
Poil de chameau	Brique	Henné	Mordoré	Châtaigne
10.0YR 4.5/8.0	4.0YR 4.0/9.0	8.0YR 3.5/6.0	2.5YR 4.0/5.5	5.5YR 4.0/4.0
C39 M61 Y100 K0	C24 M73 Y100 K0	C48 M100 Y87 K35	C50 M72 Y75 K10	C56 M69 Y82 K19
R172 G114 B34	R197 G96 B26	R115 G19 B34	R138 G85 B67	R119 G83 B56
#AC7222	#C5601A	#731322	#8A5543	#775338

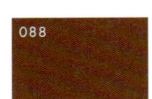

081	082	083	084	085
テール・キュイット	ショコラ	カネル	トープ	シャタン
Terre cuite	Chocolat	Cannelle	Taupe	Chatain
4.0YR 3.5/7.0	1.5YR 3.5/7.0	7.5YR 4.0/6.0	5.0YR 3.0/1.0	10.0YR 4.0/6.0
C53 M69 Y85 K17	C56 M80 Y93 K34	C52 M70 Y98 K16	C71 M71 Y75 K38	C55 M68 Y100 K20
R127 G84 B53	R104 G55 B34	R130 G83 B39	R72 G61 B53	R120 G83 B36
#7F5435	#683722	#825327	#483D35	#785324

086	087	088	089	090
アカジュー	カフェ	ピュス	マロン	ジョンキーユ
Acajou	Café	Puce	Marron	Jonquille
5.0YR 3.0/4.0	8.75YR 2.5/4.0	3.5B 7.5/4.0	1.25YR 3.5/7.0	7.5YR 2.0/2.0
C59 M75 Y91 K35	C52 M76 Y95 K35	C50 M86 Y100 K23	C56 M83 Y85 K35	C0 M22 Y100 K0
R98 G62 B38	R109 G60 B31	R127 G54 B32	R103 G51 B40	R253 G206 B0
#623E26	#6D3C1F	#7F3620	#673328	#FDCE00

091	092	093	094	095
ジョーヌ・プランタン Jaune printemps 5.0Y 9.0/7.0 C0 M15 Y100 K0 R255 G217 B0 #FFD900	クレーム Créme 5.0Y 9.0/3.0 C4 M11 Y37 K0 R247 G229 B175 #F7E5AF	ヴァニーユ Vanille 5.0Y 9.0/2.0 C3 M7 Y23 K0 R249 G238 B206 #F9EECE	ジョーヌ・ブリヤン Jaune brillant 5.0Y 8.5/14.0 C8 M23 Y100 K0 R238 G198 B0 #EEC600	ジョーヌ・ミモザ Jaune mimosa 7.0Y 8.5/13.0 C4 M12 Y93 K0 R249 G221 B0 #F9DD00

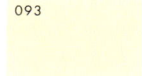

096	097	098	099	100
ジョーヌ・サフラン Jaune safran 2.5Y 8.0/12.0 C2 M33 Y96 K0 R246 G184 B0 #F6B800	カナリ Canari 5.0Y 8.5/11.0 C0 M19 Y65 K0 R253 G214 B105 #FDD669	ジョーヌ・パーイュ Jaune paille 7.5Y 8.0/10.0 C14 M25 Y88 K0 R226 G190 B45 #E2BE2D	ジャスマン Jasmin 5.0Y 8.5/9.0 C8 M20 Y94 K0 R239 G203 B0 #EFCB00	ジョーヌ・ドゥ・ナブル Jaune de Naples 2.0Y 8.0/4.0 C12 M20 Y49 K0 R229 G205 B142 #E5CD8E

101	102	103	104	105
ジョーヌ・ドゥ・クローム Jaune de chrome 5.0Y 8.0/12.0 C0 M10 Y90 K0 R255 G227 B0 #FFE300	ジョーヌ・ドゥ・プロヴァンス Jaune de Provence 2.0Y 8.0/13.0 C0 M26 Y96 K0 R251 G197 B0 #FBC500	シトロン Citron 9.0Y 8.0/12.5 C21 M16 Y94 K0 R213 G200 B12 #D5C80C	ムタルド Moutarde 5.0Y 8.0/8.0 C14 M24 Y79 K0 R226 G194 B69 #E2C245	クゥ・ドゥ・バシュ Queue de vache 5.0Y 8.0/4.0 C17 M19 Y52 K0 R220 G203 B137 #DCCB89

106	107	108	109	110
イヴォワール Ivoire 2.5Y 8.0/4.0 C4 M13 Y30 K0 R246 G226 B188 #F6E2BC	エクリュ Écru 2.5Y 8.0/2.0 C10 M20 Y38 K0 R233 G208 B165 #E9D0A5	シャンパーニュ Champagne 2.5Y 8.0/2.0 C15 M40 Y80 K0 R220 G165 B65 #DCA541	サーンドル Cendre 7.0Y 8.0/2.0 C26 M22 Y38 K0 R199 G193 B162 #C7C1A2	ジュネ Genêt 2.5Y 7.5/13.0 C0 M32 Y96 K0 R249 G187 B0 #F9BB00

111	112	113	114	115
ジョーヌ・スフル Jaune soufre 8.0Y 7.5/12.0 C4 M30 Y85 K0 R243 G190 B45 #F3BE2D	ミエル Miel 2.0Y 7.5/6.0 C5 M38 Y84 K0 R239 G174 B51 #EFAE33	サーブル Sable 1.0Y 7.5/4.0 C22 M33 Y49 K0 R207 G177 B133 #CFB185	シャルトルーズ Chartreuse 6.0Y 7.0/7.0 C21 M25 Y67 K0 R212 G188 B102 #D4BC66	マカロン Macaron 7.5Y 7.0/4.0 C21 M35 Y63 K0 R209 G172 B105 #D1AC69

116	117	118	119	120
カフェ・オレ Café au lait 1.5Y 7.0/4.0 C24 M35 Y50 K0 R202 G171 B129 #CAAB81	アルマニャック Armagnac 3.75Y 6.5/6.0 C32 M38 Y72 K0 R187 G158 B88 #BB9E58	ブトン・ドール Bouton d'or 4.5Y 7.0/7.0 C10 M27 Y73 K0 R232 G192 B85 #E8C055	リヴィド Livide 1.0Y 6.5/2.5 C35 M25 Y50 K0 R180 G180 B137 #B4B489	マロングラッセ Marrons glacés 8.5Y 6.0/4.5 C28 M42 Y58 K0 R194 G155 B110 #C29B6E

121	**122**	**123**	**124**	**125**	
カラメル	ブラン・セピア	ブロンズ	カキ	メルド・ドワ	
Caramel	Brun sèpia	Bronze	Kaki	Merde d'oie	
6.5Y 5.0/11.0	1.5Y 4.5/5.0	2.5Y 4.0/4.0	5.0Y 5.0/4.0	4.0Y 4.0/2.0	
C25 M66 Y98 K0	C55 M66 Y100 K18	C64 M68 Y100 K16	C66 M54 Y85 K6	C56 M65 Y80 K15	
R197 G110 B29	R121 G87 B37	R106 G83 B41	R106 G109 B66	R122 G91 B62	
#C56E1D	#795725	#6A5329	#6A6D42	#7A5B3E	
126	**127**	**128**	**129**	**130**	
タバ	レグリス	ゴード	ブルジョン	ポム	
Tabac	Réglisse	Gaude	Bourgeon	Pomme	
1.0Y 3.5/5.0	1.25Y 3.0/2.0	5.0GY 8.0/4.0	2.5GY 8.0/4.0	9.0GY 7.0/10.0	
C57 M67 Y100 K21	C69 M68 Y77 K33	C30 M11 Y49 K0	C24 M5 Y60 K0	C61 M0 Y85 K0	
R116 G83 B36	R81 G70 B55	R193 G207 B149	R207 G218 B127	R105 G186 B80	
#745324	#514637	#C1CF95	#CFDA7F	#69BA50	
131	**132**	**133**	**134**	**135**	
アヴォカ	ヴェール・リム	ヴェール・ピスタッシュ	ヴェール・デルブ	ペロケ	
Avocat	Vert lime	Vert pistache	Vert d'herbe	Perroquet	
7.5GY 7.0/10.0	8.5RP 3.5/2.5	1.0GY 7.0/12.0	7.0GY 4.5/8.0	10.0GY 6.5/10.0	
C51 M5 Y85 K0	C40 M15 Y71 K0	C37 M16 Y100 K0	C74 M43 Y100 K3	C64 M5 Y85 K0	
R140 G190 B73	R170 G188 B100	R179 G187 B10	R81 G122 B53	R96 G178 B81	
#8CBE49	#AABC64	#B3BB0A	#517A35	#60B251	
136	**137**	**138**	**139**	**140**	
ヴェール・レテュ	ムス	パルム	アプサント	ヴェール・オリーブ	
Vert laitue	Mousse	Palme	Absinthe	Vert olive	
9.0GY 6.0/11.0	2.5GY 6.0/6.0	3.0GY 5.0/9.0	2.5GY 7.0/4.0	4.0GY 3.5/5.0	
C72 M7 Y100 K0	C56 M38 Y92 K0	C58 M35 Y100 K0	C38 M24 Y65 K0	C72 M51 Y100 K13	
R62 G167 B55	R131 G141 B59	R127 G145 B45	R174 G178 B109	R84 G105 B48	
#3EA737	#838D3B	#7F912D	#AEB26D	#546930	
141	**142**	**143**	**144**	**145**	
エピナール	ヴェール・ドー	リッケヌ	ヴェール・ドゥ・グリ	エムロード	
Épinard	Vert d'eau	Lichen	Vert de Gris	Émeraude	
7.5GY 3.0/2.0	5.0G 9.0/3.0	1.25G 7.5/5.0	7.5G 6.0/4.0	4.0G 5.5/10.5	
C76 M61 Y100 K36	C27 M2 Y25 K0	C45 M2 Y48 K0	C81 M38 Y66 K0	C77 M17 Y61 K0	
R62 G72 B35	R198 G225 B203	R151 G204 B154	R41 G127 B105	R32 G156 B122	
#3E4823	#C6E1CB	#97CC9A	#297F69	#209C7A	
146	**147**	**148**	**149**	**150**	
ヴェール・アンピール	セラドン	マント	シノープル	ヴェール・ドゥ・フッカー	
Vert empire	Céladon	Menthe	Sinople	Vert de Hooker	
5.0G 6.0/9.0	10.0G 6.0/6.0	2.5G 5.0/12.0	2.5G 5.0/12.0	2.5G 5.0/8.0	
C82 M15 Y71 K0	C72 M14 Y53 K0	C93 M20 Y96 K0	C84 M14 Y84 K0	C84 M29 Y83 K0	
R0 G153 B107	R59 G163 B138	R0 G140 B69	R0 G152 B86	R0 G136 B83	
#00996B	#3BA38A	#008C45	#009856	#008853	

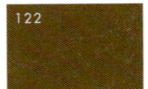

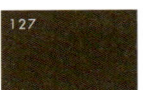

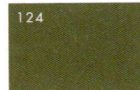

151
グリ・アシエ
Gris acier
2.5G 5.0/2.0
C70 M48 Y60 K2
R93 G119 B105
#5D7769

152
マラキット
Malachite
5.0G 5.0/8.0
C87 M29 Y78 K0
R0 G134 B91
#00865B

153
ヴェール・ヴェロネーズ
Vert Veronese
9.0G 4.0/8.5
C94 M43 Y73 K5
R0 G112 B91
#00705B

154
サパン
Sapin
6.5G 3.5/7.0
C89 M50 Y80 K12
R0 G101 B75
#00654B

155
ヴェール・ブテーユ
Vert bouteille
4.0G 3.0/4.5
C83 M53 Y89 K12
R49 G99 B63
#31633F

156
シプレ
Cyprès
2.5G 2.0/4.0
C91 M60 Y100 K49
R3 G59 B30
#033B1E

157
コリブリ
Colibri
1.5G 2.0/4.0
C94 M61 Y93 K46
R0 G60 B39
#003C27

158
ローリエ
Laurier
10.0G 2.0/4.0
C93 M67 Y77 K44
R4 G58 B51
#043A33

159
ヴェール・プランタン
Vert printemps
2.5BG 6.0/8.0
C81 M18 Y55 K0
R0 G152 B133
#009885

160
ブルー・パセ
Bleu passé
10.0BG 6.0/2.0
C60 M35 Y40 K0
R116 G147 B147
#749393

161
ペトロール
Pétrole
7.5BG 5.0/6.0
C85 M39 Y51 K0
R0 G125 B127
#007D7F

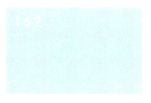

162
オパラン
Opaline
3.5B 8.5/2.0
C22 M0 Y10 K0
R208 G234 B233
#D0EAE9

163
アジュール
Azur
7.0B 7.0/12.0
C92 M25 Y12 K0
R0 G139 B194
#008BC2

164
ブルー・ドゥ・プロヴァンス
Bleu de Provence
7.5B 6.0/8.0
C77 M21 Y14 K0
R0 G154 B197
#009AC5

165
ブルー・シエル
Bleu ciel
10.0B 6.5/7.5
C52 M0 Y14 K0
R125 G203 B220
#7DCBDC

166
ブルー・セリュレエン
Bleu céruléen
7.5B 6.5/8.0
C78 M28 Y21 K0
R16 G145 B181
#1091B5

167
ブルー・ドゥ・ニーム
Bleu de Nîmes (Bleu denim)
10.0B 6.0/8.0
C74 M29 Y16 K0
R55 G147 B188
#3793BC

168
パステル
Pastel
7.5B 7.0/6.0
C73 M23 Y21 K0
R53 G154 B185
#359AB9

169
ブルー・オリゾン
Bleu horizon
5.0B 7.0/5.0
C59 M18 Y23 K0
R111 G172 B189
#6FACBD

170
ブルー・ポルスレーヌ
Bleu porcelaine
5.0B 7.0/4.0
C56 M0 Y21 K0
R110 G198 B206
#6EC6CE

171
ブルー・ドゥ・コート・ダジュール
Bleu de Côte d'Azur
2.5B 6.5/8.0
C78 M8 Y28 K0
R0 G168 B186
#00A8BA

172
ブルー・ドゥ・シャルトル
Bleu de Chartres
10.0B 6.0/12.0
C99 M54 Y20 K0
R0 G100 B156
#00649C

173
セレスト
Céleste
6.25B 6.0/10.0
C86 M10 Y18 K0
R0 G160 B199
#00A0C7

174
ヴェルサイユ
Versailles
1.0PB 4.0/8.0
C97 M57 Y31 K0
R0 G98 B141
#00628D

175
チュルコワーズ
Turquoise
1.5B 5.5/10.0
C81 M19 Y23 K0
R0 G153 B185
#0099B9

176
メール・ドゥ・シュド
Mer du sud
8.75B 5.5/11.0
C88 M24 Y13 K0
R0 G143 B194
#008FC2

177
ブルー・ドゥ・モネ
Bleu de Monet
5.0B 5.5/9.0
C91 M32 Y35 K0
R0 G131 B155
#00839B

178
ヴァトー
Watteau
3.0PB 5.0/10.0
C85 M49 Y12 K0
R12 G113 B171
#0C71AB

179
ブルー・アジュール
Bleu Azur
10.0B 5.0/9.0
C90 M36 Y12 K0
R0 G127 B184
#007FB8

180
ポンパドゥール
Pompadour
1.0PB 4.0/10.0
C94 M53 Y18 K0
R0 G103 B159
#00679F

181	182	183	184	185
ブルー・パン	ブルー・ナティエ	シアン	カナール	ブルー・マリーヌ
Bleu paon	Bleu Nattier	Cyan	Canard	Bleu marine
2.5B 5.0/6.0	2.5B 4.5/8.0	5.0B 4.0/10.0	5.0B 4.0/9.0	5.0B 3.0/8.0
C86 M15 Y36 K0	C87 M27 Y39 K0	C94 M29 Y27 K0	C100 M33 Y45 K0	C100 M60 Y25 K0
R0 G153 B166	R0 G138 B153	R0 G133 B169	R0 G125 B139	R0 G93 B145
#0099A6	#008A99	#0085A9	#007D8B	#005D91

186	187	188	189	190
ショードロン	グリ・ローランサン	グリ・シエル	ミヨゾティス	ブルー・ファイアンス
Chaudron	Gris Laurencin	Gris ciel	Myosotis	Bleu faïence
5.0B 1.5/3.0	5.0PB 7.0/3.0	3.0PB 7.5/1.0	3.0PB 7.0/6.0	2.5PB 6.5/7.5
C77 M69 Y66 K30	C48 M33 Y20 K0	C49 M31 Y24 K0	C65 M16 Y6 K0	C68 M38 Y19 K0
R66 G68 B69	R147 G160 B182	R145 G162 B177	R80 G170 B216	R88 G137 B175
#424445	#93A0B6	#91A2B1	#50AAD8	#5889AF

191	192	193	194	195
ラヴァンド	ブルー・ゴロワーズ	ブルー・ドゥ・パティニール	ブルー・ベベ	ブルー・オルタンシヤ
Lavande	Bleu Gauloises	Bleu de Patinir	Bleu bébé	Bleu hortensia
9.0PB 6.5/5.5	4.5PB 6.0/10.0	1.0PB 4.0/10.0	4.5PB 6.0/10.0	9.0PB 5.0/12.0
C48 M45 Y3 K0	C80 M49 Y7 K0	C94 M53 Y18 K0	C63 M26 Y0 K0	C82 M71 Y7 K0
R147 G140 B191	R49 G114 B178	R0 G103 B159	R95 G159 B214	R66 G82 B155
#938CBF	#3172B2	#00679F	#5F9FD6	#42529B

196	197	198	199	200
ブルー・マリー・ルイーズ	ブルー・ドゥ・シャンパーニュ	ブルー・マジョレル	ブルー・ドゥ・ピカソ	ブルー・ドゥ・マティス
Bleu Marie Louise	Bleu de Champaigne	Bleu Majorelle	Bleu de Picasso	Bleu de Matisse
6.25PB 5.0/12.0	6.25PB 5.0/12.0	1.0PB 4.0/10.0	1.25PB 4.5/9.0	4.0PB 4.0/13.0
C76 M44 Y0 K0	C76 M45 Y0 K0	C94 M53 Y18 K0	C94 M50 Y20 K0	C98 M60 Y3 K0
R62 G124 B191	R62 G122 B190	R0 G103 B159	R0 G107 B160	R0 G91 B169
#3E7CBF	#3E7ABE	#00679F	#006BA0	#005BA9

201	202	203	204	205
ブルー・ドゥ・リヨン	ブルー・ジタン	ブルー・ギメ	アガト	サフィール
Bleu de Lyon	Bleu Gitanes	Bleu Guimet	Agate	Saphir
4.5PB 4.0/14.0	6.5PB 5.0/10.0	6.25PB 3.5/15.0	7.5PB 3.0/12.0	6.25PB 4.0/14.0
C98 M60 Y3 K0	C83 M56 Y6 K0	C94 M64 Y0 K0	C94 M83 Y16 K0	C98 M61 Y0 K0
R0 G91 B169	R43 G103 B171	R0 G87 B168	R30 G63 B136	R0 G91 B172
#005BA9	#2B67AB	#0057A8	#1E3F88	#005BAC

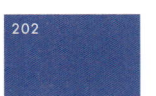

206	207	208	209	210
イアサント	ブルー・ドゥ・ナポレオン	ウートルメール	ブルー・ドゥ・コバルト	ラピスラジュリ
Hyacinthe	Bleu de Napoléon	Outremere	Bleu de cobalt	Lapis lazuli
10.0PB 4.0/9.0	6.0PB 4.0/11.0	7.0PB 2.5/11.0	3.0PB 3.5/12.0	6.0PB 3.5/10.5
C72 M71 Y19 K0	C84 M66 Y13 K0	C99 M90 Y28 K0	C100 M68 Y20 K0	C91 M78 Y17 K0
R94 G85 B143	R55 G90 B154	R20 G54 B119	R0 G83 B144	R39 G70 B139
#5E558F	#375A9A	#143677	#005390	#27468B

211	212	213	214	215
イリス	ブルーエ	ブルー・クライン	プードル・ブルー	ブルー・ドゥ・パリ
Iris	Bluet	Bleu Klein	Poudre bleu	Bleu de Paris
8.5PB 3.0/12.0	2.5PB 3.0/8.0	5.0PB 3.0/8.0	5.5PB 3.0/5.0	1.0PB 3.0/4.0
C84 M88 Y10 K0	C100 M76 Y22 K0	C93 M75 Y14 K0	C94 M80 Y40 K4	C91 M77 Y50 K14
R72 G54 B136	R0 G72 B135	R26 G74 B143	R31 G67 B110	R38 G67 B94
#483688	#004887	#1A4A8F	#1F436E	#26435E

216	217	218	219	220
ブルー・アシエ	ブルー・ドゥ・ロワ	パンセ	ブルー・ドゥ・プリュス	アンディゴ
Bleu acier	Bleu de Roi	Pensée	Bleu de prusse	Indigo
3.0PB 3.0/1.0	7.5PB 2.5/10.0	9.0PB 2.5/10.5	3.0PB 2.0/8.0	3.0PB 3.0/10.0
C79 M66 Y57 K15	C91 M78 Y17 K0	C84 M93 Y20 K0	C100 M93 Y48 K12	C100 M72 Y23 K0
R69 G83 B92	R39 G70 B139	R72 G49 B124	R20 G48 B91	R0 G77 B137
#45535C	#27468B	#48317C	#14305B	#004D89

221	222	223	224	225
ブルー・ニュイ	リラ	モーヴ	エリオトロープ	プールプル
Bleu nuit	Lilas	Mauve	Héliotrope	Pourpre
3.0PB 2.0/6.0	9.0P 6.0/6.0	7.5P 5.0/10.5	2.5P 5.0/10.5	6.0P 3.0/12.5
C99 M86 Y51 K20	C36 M52 Y24 K0	C43 M75 Y9 K0	C53 M70 Y6 K0	C25 M90 Y20 K0
R12 G52 B85	R176 G136 B158	R159 G86 B149	R139 G92 B157	R192 G53 B122
#0C3455	#B0889E	#9F5695	#8B5C9D	#C0357A

226	227	228	229	230
ペチュニア	オベルジーヌ	ミュール	キュイッス・ドゥ・ナンフ	ローズ・ベベ
Pétunia	Aubergine	Mûres	Cuisse de Nymph	Rose bébé
3.0P 3.0/3.5	10.0P 2.5/3.0	1.0P 2.0/3.0	10.0RP 9.0/2.5	7.5RP 8.0/4.0
C70 M75 Y32 K1	C71 M84 Y52 K24	C78 M79 Y57 K33	C2 M28 Y19 K0	C0 M25 Y8 K0
R103 G80 B124	R86 G54 B80	R63 G54 B72	R245 G202 B194	R249 G209 B216
#67507C	#563650	#3F3648	#F5CAC2	#F9D1D8

231	232	233	234	235
ローズ・ドラジェ	ローズ・ルノワール	ローズ・スキャパレリ	ボンボン	ローズ・ドゥ・フォッション
Rose dragée	Rose Renoir	Rose Schiaparelli	Bonbon	Rose de Fauchon
6.0RP 7.5/4.5	7.5RP 7.0/8.0	3.75RP 6.5/15.0	7.5RP 6.0/16.0	8.75RP 5.0/14.0
C19 M43 Y29 K0	C3 M51 Y19 K0	C7 M58 Y5 K0	C7 M78 Y26 K0	C10 M100 Y24 K0
R210 G160 B159	R237 G153 B167	R227 G137 B176	R222 G87 B127	R214 G0 B107
#D2A09F	#ED99A7	#E389B0	#DE577F	#D6006B

236	237	238	239	240
ローズ・ポンパドゥール	アザレ	グロゼーユ	ローズ・サンローラン	ヴィオレ・デヴェーク
Rose Pompadour	Azalée	Groseille	Rose Saint-Laurent	Violet d'Évêque
6.0RP 6.0/11.0	6.0RP 6.0/13.0	8.0RP 4.5/15.0	6.25RP 6.0/10.0	7.5RP 4.5/12.0
C0 M65 Y15 K0	C35 M95 Y19 K0	C20 M95 Y47 K0	C1 M64 Y20 K0	C49 M88 Y15 K0
R237 G122 B155	R175 G36 B119	R200 G36 B89	R236 G123 B150	R149 G58 B130
#ED7A9B	#AF2477	#C82459	#EC7B96	#953A82

241 スリーズ Cerise 7.5RP 4.5/10.0 C0 M80 Y28 K0 R233 G83 B122 #E9537A	242 プリュヌ Prune 7.5RP 4.0/14.0 C55 M91 Y29 K0 R137 G53 B115 #893573	243 マジャンタ Magenta 6.0RP 4.0/13.5 C34 M100 Y33 K0 R176 G17 B102 #B01166	244 ローズ・フュクシャ Rose Fuchsia 2.5RP 4.0/8.0 C3 M58 Y2 K0 R234 G139 B181 #EA8BB5	245 リュビ Rubis 10.0RP 4.0/10.0 C29 M87 Y52 K0 R187 G64 B89 #BB4059
246 リ・ドゥ・ヴァン Lie-de-vin 5.0RP 4.0/13.0 C33 M96 Y24 K0 R178 G33 B113 #B22171	247 フレーズ Fraise 2.5RP 3.5/8.0 C35 M80 Y28 K0 R176 G78 B124 #B04E7C	248 フランボワズ Framboise 5.0RP 3.0/10.0 C33 M100 Y38 K0 R178 G17 B96 #B21160	249 カシュー Cachou 7.5RP 3.0/2.0 C65 M71 Y61 K16 R104 G79 B82 #684F52	250 アメティスト Améthyste 1.0RP 3.0/11.0 C53 M95 Y30 K0 R142 G43 B111 #8E2B6F
251 アマラント Amarante 5.0RP 3.0/11.0 C57 M100 Y45 K0 R135 G33 B92 #87215C	252 カルマン Carmin 7.5RP 2.5/8.0 C45 M100 Y77 K10 R148 G30 B55 #941E37	253 ボルドー Bordeaux 10.0RP 2.5/8.0 C57 M100 Y66 K28 R109 G24 B57 #6D1839	254 ブルゴーニュ Bourgogne 6.0RP 2.0/6.0 C59 M100 Y61 K24 R110 G26 B63 #6E1A3F	255 グリ・シャルボン Gris charbon 10.0RP 1.5/1.0 C72 M80 Y69 K44 R67 G47 B52 #432F34
256 ブラン・ドゥ・ザンク Blanc de zinc N9.5 C4 M2 Y1 K0 R247 G249 B252 #F7F9FC	257 グリ・ペルル Gris perle N8.5 C19 M15 Y20 K0 R216 G215 B205 #D8D7CD	258 ブラン・ドゥ・ロワ Blanc de Roi N8.5 C4 M2 Y1 K0 R247 G249 B252 #F7F9FC	259 グリ・ダルジャン Gris d'argent N7.5 C33 M25 Y27 K0 R184 G185 B179 #B8B9B3	260 グリ・フュメ Gris fumée N7.0 C50 M40 Y40 K0 R145 G146 B143 #91928F
261 シマン Ciment N6.5 C61 M49 Y48 K0 R118 G125 B124 #767D7C	262 グリ・スーリ Gris souris N5.5 C55 M46 Y51 K0 R134 G132 B122 #86847A	263 グリ・プロン Gris plomb N5.5 C44 M35 Y37 K0 R158 G159 B153 #9E9F99	264 アルドワーズ Ardoise N3.5 C83 M77 Y62 K33 R51 G56 B68 #333844	265 アントラシット Anthracite N2.5 C77 M71 Y67 K32 R65 G64 B66 #414042
266 ノワール・ドゥ・シャルボン Noir de charbon N1.5 C79 M75 Y72 K47 R51 G49 B50 #333132	267 サーブル Sable N2.0 C78 M75 Y71 K45 R52 G50 B51 #343233	268 ノワール・ダンクル Noir d'encre N1.5 C78 M73 Y71 K42 R54 G55 B54 #363736	269 アルガン Argent	270 オール Or

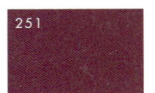

［区版クレジット付記］
P28, 32, 44, 46, 54, 68, 70, 82, 86, 92, 116, 132, 134, 138, 142, 144：
©ADAGP, Paris & SPDA, Tokyo, 2011
P152：
©MOURON.CASSANDRE. All rights reserved／SPDA 2011
P124, 154：
©2011 Succession H.Matisse／SPDA, Tokyo

著者◉城　一夫／Kazuo Jo

共立女子学園名誉教授。
東商カラーコーディネーター検定試験１級公式テキスト『ファッション色彩』編集長。
専門は色彩文化(史)、文様文化(史)、ファッション文化(史)で、多数の著作のほか、
テレビ番組監修「北野武の色彩大紀行」、展覧会「大江戸の色彩」企画構成などを手がける。

［著書一覧］
・『色の知識』青幻舎　2010
・『徹底図解色のしくみ』新星出版社　2009
・『フランスの伝統色』PIE BOOKS　2008
・『西洋装飾文様事典』(新装版)朝倉書店　2008
・『日本のファッション』青幻舎　2007
・『西洋染織模様の歴史と色彩』明現社　2006
・『西洋装飾文様事典』(普及版)朝倉書店　2006
・『生活デザインの社会学』明現社　1999
・『ファッションの原風景』明現社　1998
・『色彩の歴史と文化』明現社　1996
・『装飾文様の東と西』明現社　1996
・『西洋染織文様史』朝倉書店　1995
・『色彩博物館』明現社　1994
・『インテリア・デザイン一問一答』明現社　1994
・『色彩の宇宙誌』明現社　1993
・『西洋染織文様事典』朝倉書店　1993
・『生活デザイン論』建帛社　1992
・『カラーアトラス5510』光村推古書院　1986

［写真・資料掲載協力］

株式会社ピーピーエス通信社
一般社団法人 美術著作権協会
株式会社DNPアートコミュニケーションズ
木屋ギャラリー
株式会社アートグラフィックス青山
藤牧徹也
武田正彦
西岡詠美

フランスの配色

2011年4月25日　　初版第1刷発行
2013年8月6日　　　第4刷発行

著者：城 一夫
ブックデザイン：山下雅士（スリープウオーク）
製版：佐々木陽介
校閲：木田 茜
編集：根津かやこ

発行元：パイ インターナショナル
〒170-0005 東京都豊島区南大塚2-32-4
TEL：03-3944-3981　FAX：03-5395-4830
sales@pie.co.jp

編集・制作：PIE BOOKS
印刷・製本：アベイズム株式会社

©2011　Kazuo Jo / PIE International
ISBN978-4-7562-4080-4 C3070
Printed in Japan

本書の収録内容の無断転載・複写・複製等を禁じます。
ご注文、乱丁・落丁本の交換等に関するお問い合わせは、小社までご連絡ください。